Nicolau Daudt

Líder Humano

Dedico este livro às minhas três lindas, Roberta, Olivia e Amalia, e aos meus pais, que me ensinaram muito do que é ser um Líder Humano.

Sumário

1
Prefácio

Nicolau Daudt

Mark

Este livro é publicado no momento da pandemia do Coronavírus, junto com os maiores protestos anti racistas desde 1960, nos Estados Unidos. Estes são tempos em que o Sistema Econômico Global desacelerou a ponto de 32 milhões de americanos estarem oficialmente desempregados e, no Reino Unido, o governo está financiando salários de mais de 40% da força de trabalho britânica para evitar uma estatística similar.

Outros países estão combatendo tanto a Pandemia quanto suas próprias crises econômicas com diferentes níveis de sucesso e, de acordo com suas próprias prioridades políticas. O Capitalismo e sua relação com a sociedade estão sendo reavaliados sob a perspectiva do "lockdown", de um jeito fundamental e muito mais profundo do que após a crise econômica de 2008.

A globalização está sendo confrontada por um inimigo mais eficiente, como vemos nos verdadeiros benefícios dessa pausa na implacável marcha do que chamamos de progresso, e agora podemos refletir no custo desse progresso para a saúde do planeta e da humanidade. As formas de liderança estão sendo contestadas em todo o mundo, as lideranças políticas sendo particularmente julgadas inadequadas na luz das necessidades humanas atuais.

Que momento perfeito para o surgimento de um livro elegante e bem articulado sobre Liderança Humana, escrito por um homem muito qualificado para nos oferecer suas visões sobre o tema. Nicolau Daudt é brasileiro, filho, marido, pai, economista e multi-linguista que trabalhou em um contexto internacional para construir um negócio de extremo sucesso no Brasil, durante um período com muitas crises econômicas e políticas no país, ao mesmo tempo criando um modelo de Liderança Humanizada que é raro, mesmo em um "negócio de pessoas".

Quando ele tinha 29 anos eu o convidei para ser CEO de uma "start up" e uma "joint venture" de uma multinacional inglesa de corretagem de seguros, sabendo que ele precisaria ganhar de candidatos com mais experiência e mais razões para acreditarem que eles deveriam vencer.

Durante um período de 12 anos, este negócio cresceu até que representasse 12% dos Lucros (EBITDA) de uma organização que por si só já crescia rapidamente. O Brasil também liderou inúmeras áreas em inovação e práticas de desenvolvimento de pessoas, e ao mesmo tempo foi a plataforma em que começamos a construir nossa rede de Multilatinas que teve enorme sucesso na região, além de ser enorme força de crescimento em nossos negócios em todo o mundo.

Nossa companhia, a JLT, sempre foi elogiada por sua cultura, que teve como pilar a colaboração, colocando o cliente no centro de todas as decisões e criando um ambiente de trabalho de confiança e delegação a todas pessoas no Grupo. No Brasil, sob a liderança de Nicolau, essa cultura evoluiu em algo mais: seu time se tornou unido por amor. Amor de uns pelos outros, imenso respeito, orgulho sob medida nas conquistas coletivas, e um enorme senso de felicidade de ser parte de algo especial, realizador; tanto comercial quanto espiritualmente. Porém, nem todos os dias eram felizes ou fáceis! Tampouco isso significa que todos coexistiam em um estado de nirvana. Pessoas morriam, outros eram demitidos, os competidores eram implacáveis, clientes levavam os negócios embora, diversidades econômicas e políticas, tudo isso nos confrontava diariamente e Nicolau encarou todas as decisões difíceis que os líderes têm que fazer. Ele o fez com uma grande força de caráter, nunca fugindo de confrontos, mas sempre mantendo empatia que permitia as pessoas manterem sua dignidade e acreditarem em si próprias, mesmo com resultados pessoais negativos.

Nossa companhia foi comprada e incorporada por uma enorme e super respeitada multinacional norte americana, que eu tenho o orgulho de continuar servindo. Mas o Nic decidiu seguir em frente, mesmo sabendo que poderia ter um futuro promissor aqui. Esta decisão mostra sua força, pois ele abandonou um ambiente em que já era um sucesso comprovado, para entrar em um mundo incerto de novas experiências criativas que ele espera iluminar seu fértil cérebro com mais possibilidades que ele poderá dividir com seus amigos e seguidores por todo o mundo.

Nestes tempos incertos, com um presidente americano rosnando da Casa Branca para seu próprio povo e culpando outros por conta de sua difícil reeleição; com eminentes confrontos e agressões entre países e blocos comerciais, enquanto tentamos nos organizar para a resolução da conta da Covid 19; e com o impacto do Brexit+Covid e a expectativa do caos econômico durar tanto que prejudique as possibilidades de um futuro brilhante para nossos netos, ainda temos a oportunidade de refletir em que mundo queremos viver e que tipo de pessoas queremos ser. Para isso precisamos do melhor tipo de liderança. Me recordo de uma descrição do que seria isto, conforme explicado pelo psicólogo organizacional Sesil Pir, publicado na revista Forbes em 2018:

"Liderança Humanizada é baseada em auto respeito e amor incondicional. Ela compreende e honra os direitos iguais das pessoas por justiça, dignidade e integridade. Ela reconhece todas as pessoas por quem são, aceita sua contribuição individual, trata todos com respeito e reconhece seu valor"

É disso que o livro se trata, você deve ler, pois abrirá sua mente.

(Por Mark Drummond Brady, ex-vice presidente mundial do Grupo JLT e atual membro do conselho executivo da Marsh Global)

Sandra

Eu conheci o Nicolau em 2016, encaminhado pela osteopata Cristianne Chartuni.

Iniciamos um processo de autoconhecimento. Sua primeira queixa foi dor no estômago, estresse e ansiedade. Na ocasião, ele era presidente da JLT, empresa relevante do ramo de seguros, e liderava mais de 200 pessoas.

Quando fiz a primeira leitura, percebi que estava à frente de um diamante bruto que precisava ser lapidado, ou seja, despertado. Ele tinha uma necessidade muito grande de ajudar as pessoas. Conforme avançava em seu processo, ele começou a perceber que mais importante do que ajudar pessoas era despertá-las, da mesma forma como estava acontecendo com ele, e que só era possível despertar aqueles que estavam prontos para isso.

Foi quando ele teve a ideia de levar o trabalho de autoconhecimento que nós estávamos desenvolvendo com ele para dentro da organização. Foi a forma que ele encontrou para ajudar seus colaboradores, que também estavam buscando o despertar para uma nova consciência.

Ao longo de todos estes anos, Nicolau mergulhou

fundo nesse processo de descoberta, buscando trazer para sua vida o equilíbrio físico, mental e espiritual, e acabou inspirando seus colaboradores a fazerem o mesmo.

Cada vez mais ele tinha consciência que o verdadeiro líder, o Líder com L maiúsculo, é aquele que serve. Ele passou a entender que sucesso é ter tempo para cuidar da família, do corpo, do espírito, e ainda continuar sonhando.

Ele continuou firme confiando na sua intuição e nas mensagens do seu Mestre Espiritual Saint Germain. Resultado: o Nicolau, que já era um líder diferenciado, se tornou melhor ainda, e recebeu inspiração para escrever um livro, cumprindo assim mais um de seus propósitos de vida.

O que mais me encantou na liderança do Nicolau? Foi quando eu visitei a JLT pela primeira vez e senti a energia das pessoas. O sorriso estampado no rosto dos colaboradores e a forma como ele tratava da copeira aos seus executivos. Eu vi ali o quão a sério ele estava trabalhando o autoconhecimento, e como ele é um líder diferenciado, que coloca o ser humano acima de tudo.

Quanto mais ele avançava, mais ele crescia pessoal, espiritual e profissionalmente. Durante esse processo de autoconhecimento, ele cuidou da saúde, viu a ansiedade diminuir e aprendeu a descansar sem culpa. O Nicolau descobriu quem verdadeiramente ele é, independentemente de cargo, remuneração ou status.

O Nicolau é um ser humano que acredita em si mesmo e na realização do seu sonho. Ele mudou a si mesmo, alcançou uma nova consciência, uma nova vida, e assim conseguiu atrair a vida que ele desejava. **Quem se muda, se liberta.**

Em seu processo, Nicolau descobriu que a chave para o sucesso é vencer a si mesmo. E ele conseguiu fazer isso quando assumiu gerenciamento das suas emoções, tomou as rédeas de sua vida e aprendeu a vencer os pensamentos negativos. Superar limites e obstáculos criados pelo medo, pelas dúvidas e por qualquer outra sombra foi uma tarefa desafiadora, mas ele conseguiu.

Que este livro o ajude a se tornar um líder ainda maior e auxilie outros líderes a encontrarem o próprio caminho, conscientes de que não se pode governar os outros se você não governa a si mesmo.

(Por Sandra Souza, terapeuta especializada em ThetaHealing)

2

Minha

trajetória

Introdução

Antes de começar a escrever este livro, eu queria que o leitor soubesse como foi o meu caminho profissional, desde o final da adolescência e início da vida adulta até os dias atuais. Mas a ideia era fazer um livro colaborativo, com uma pluralidade de vozes. Por isso, prepare-se para encontrar, ao longo das páginas, depoimentos de pessoas que de alguma forma marcaram presença na minha trajetória e contribuíram para que eu me tornasse um **Líder Humano.**

Para me ajudar a começar a contar essa história, convidei meu amigo Eduardo Santos, sócio da Dynamo, uma das gestoras de fundo de maior sucesso no Brasil.

Nicolau Daudt

"Eu tenho uma enorme admiração pelo Nicolau. Não apenas por ele ser um grande amigo, um pai e marido dedicado, ou pelo líder carismático e generoso que se tornou. Mas principalmente por saber que isso não aconteceu de forma natural. O caminho que levou o Nicolau ao sucesso pessoal e profissional é resultado de uma jornada intensa para vencer seus medos e vulnerabilidades.

Conheci o Nicolau na minha adolescência por meio de amigos em comum e, desde então, nos tornamos muito próximos. Ele sempre foi um cara querido por todos, e seu carisma e capacidade de unir e agregar as pessoas eram claros desde o início. Ainda assim, algumas de suas inseguranças eram notáveis. Me lembro até hoje de vê-lo chegando suado numa festa depois de subir 27 andares de escada, pois não havia o que o fizesse entrar num elevador. Da mesma forma, Nicolau não gostava de andar de carro acima de uma certa velocidade, resultado de um trauma por conta de um acidente que teve na adolescência. Apesar de eficiente, ele nunca foi um aluno de grande destaque no colégio, ou tampouco na faculdade de economia que cursou na PUC do Rio de Janeiro. Ou seja, quando eu pensava em amigos que tinham os elementos necessários para uma carreira profissional de sucesso, eu sempre achei que auto-confiança seria uma barreira intransponível para ele.

Nicolau iniciou sua carreira profissional numa empresa familiar de seguros no Rio de Janeiro. Era uma indústria competitiva e com pouco glamour. Mas sua vontade de vencer o impulsionou para que ele navegasse os caminhos tortuosos da carreira e crescesse profissionalmente, chegando ao posto de um dos executivos mais importantes da seguradora internacional JLT Brasil, liderando, inspirando e suportando o crescimento de centenas de profissionais ao longo do caminho.

Seria impossível vencer as batalhas profissionais se ele não tivesse, ao longo dessa jornada, derrubado seus fantasmas pessoais, os medos e o trauma da morte precoce do pai. Essa incrível superação fez com que Nicolau se tornasse um líder admirado e uma inspiração para os colegas, sem nunca perder o carisma e a humildade. Esse foi seu grande êxito, e a chave para todos os outros êxitos que ele obteve."

(Eduardo Santos, sócio da Dynamo)

Muito do que está escrito no depoimento do Eduardo é similar ao que você vive, viveu ou viverá. É importante entendermos que os **desafios** - experiências difíceis pela qual todos passam, independentemente de classe social - **é pré-requisito para se dar bem na vida.**

Mas um trecho específico do depoimento eu considero a grande virtude que o Criador me deu: "...**seu carisma e capacidade de unir e agregar as pessoas eram claros desde o início**". O segredo do Líder Humano está aqui.

O egoísmo e a individualidade tiram a luz do líder e levam ao lugar comum. Pense comigo: **quem é o real líder na sua empresa?** Em quem as pessoas confiam e com quem elas contam nas horas boas e ruins? Nem sempre a resposta é o Presidente / CEO.

Muitas vezes, não damos o valor merecido para **aquela pessoa que agrega e que une o time em torno de um mesmo norte**, de um mesmo propósito. Eu sempre olhei para os líderes que iam surgindo dentro da empresa, para aquele cara que se preocupava com os outros, que chamava todo mundo para tomar um chopp no final do dia. Em 99% das vezes, esses líderes invisíveis fazem isso porque está no seu DNA - e **nunca para conseguir algo em troca.**

Mas voltando à minha história, depois de toda essa fase de inseguranças no final da adolescência, passei 20 anos na maravilhosa indústria de seguros e decidi mudar completamente de vida.

Um dos meus sonhos sempre foi fazer publicidade, e outro sonho era ter uma experiência fora do Brasil. Em novembro de 2019, finalmente pensei que havia chegado a hora de realizá-los de uma só vez. Por que não? Por que sempre temos medo de realizar nossos sonhos e ficamos adiando com desculpas esfarrapadas para nós mesmos? Pense: Qual é o seu sonho? O que te falta para atingir esse objetivo? **Será que isso que te falta não é uma desculpa do seu inconsciente?**

(Provavelmente é!) Agora, se você me falar que seu sonho é material (como ter um bilhão de dólares), aí você deve pensar o quão pobre de espírito é esse sonho. **Sonhos materiais não são sonhos - são desejos do ego.**

Bati um papo com o Eduardo Marques, o Caju, gestor de um fundo de private equity em São Francisco, na Califórnia, e ele me falou da Miami Ad School (MAS). Eu estava pesquisando sobre escolas de business em Miami (mesmo já tendo feito diversos cursos nessa área), e a dica do Caju me deu um clique na hora. Aqui tem mais um ponto importante: **preste muita atenção naquilo que os outros sugerem a você**; às vezes, a resposta que você está esperando vem de um papo de telefone com um amigo querido.

Nem o próprio Caju sabe o quanto ele me ajudou, então aproveito para agradecê-lo pela brilhante dica. Não perdi tempo, e me inscrevi na MAS. O mais interessante foi que tive que fazer uma campanha publicitária específica de um produto para cachorros para entrar na escola. Eu, que atuava havia 12 anos como CEO de uma corretora inglesa de seguros, realmente estava fazendo algo a 180 graus de distância da minha zona de conforto.

Todo aquele pseudo poder que eu achava que eu tinha comandando uma empresa de 500 pessoas foi desbancado numa sala de aula onde colegas na faixa dos 20 e poucos anos me olhavam de igual para igual. No primeiro mês, estranhei, mas hoje sou muito grato por ter participado desta experiência. Me atualizei na linguagem dos jovens e troquei experiências riquíssimas com meus novos colegas, me divertindo muito com os erros e os acertos em um mundo novo.

Hoje já domino a confecção e edição de vídeos e fotos, e estou aprendendo a fazer efeitos especiais. Dica para você: **Quando estamos há muito tempo num mesmo mercado, nossa consciência passa a achar que o mundo gira em torno daquela indústria.** Eu mesmo acreditava que o mundo inteiro sabia quem eram os maiores "players" e as maiores cabeças do mundo dos seguros. Ao entrar no universo do audiovisual, percebi que ninguém nem conhece as empresas de seguro, muito menos seus executivos "mundialmente" famosos - para a turma da publicidade, somos os "famosos quem".

Portanto, n**ão ache que o mundo gira em torno do mercado em que você trabalha** e deixe de endeusar as "celebridades" do seu mercado. Elas são anônimas para a grande maioria do mundo! Se você quer "endeusar" alguém, endeuse seus pais - te garanto que o trabalho deles é mundialmente reconhecido. Eles devem ser suas reais celebridades.

Fora as matérias curriculares da Miami Ad School, o que eu mais aprendi com essa experiência foi a me relacionar com os jovens. Com certeza essa skill vai me servir na minha próxima experiência profissional. **Os jovens da geração Z querem propósito**. Eles querem participar, não querem fazer trabalhos secundários, querem que suas ideias sejam ouvidas por todos em uma empresa. Os jovens estão inseguros com o futuro como nunca, e é responsabilidade das gerações anteriores - é minha responsabilidade - acolhê-los e dar a oportunidade que eles merecem.

A JLT me fez presidente de suas operações no Brasil aos 29 anos. As gerações anteriores à geração Z ainda têm uma mentalidade egoísta de que os jovens não podem assumir postos de comando e de responsabilidade. Mas os jovens da geração Z estão super preparados para assumir qualquer responsabilidade e não encontram espaço para crescimento, em meio a uma geração dominante que ainda vai demorar para ficar velha.

Meu conselho aos mais jovens: Se vocês acreditam em si, sejam donos do seu próprio negócio. Não esperem que uma grande empresa venha com um buquê de rosas, porque na maioria das vezes não é isso que acontece. Acredito muito em empresas grandes, e sei que elas trazem serviços enormes ao mercado. Mas também vou acreditar em todos meus colegas que decidirem montar sua empresa de publicidade e começar a fazer coisas pequenas até crescerem.

Veja o fenômeno do mercado de cervejas. Tenho vários amigos super competentes trabalhando na Ambev, uma mega empresa com projetos sociais maravilhosos. Mas, ao mesmo tempo, vejo surgir e adoro consumir cervejas locais, um fenômeno que explodiu nos últimos cinco anos no mundo todo.

Todo mundo ganha com isso: com o aumento da concorrência, as principais marcas do mercado são obrigadas a elevar a qualidade de seus produtos. Há espaço para todos!

(Se você quiser checar os trabalhos que venho fazendo como Art Director, acesse https://www.behance.net/nicolaudaudt)

O começo de tudo

Estávamos em outubro de 1999. Eu havia perdido meu pai fazia um ano, e precisava começar a ganhar dinheiro. Eu e minha mãe já estávamos com planos de vender a casa onde morávamos, pois ela havia perdido o emprego de gerente financeira em uma escola americana e não tínhamos mais condições de manter o mesmo nível de vida.

Fiz uma viagem com um amigo e o pai dele para Miami, e lá conheci o Rodrigo Protasio. Rodrigo não saía do telefone nem um segundo durante a viagem, sempre negociando contratos de resseguro em diversas línguas por meio do então ainda raro, e caro, telefone celular. Achei aquilo fantástico: o cara era um super negociador, tinha muita paixão pelo que fazia, e aquele negócio chamado resseguro parecia muito interessante. Quando voltei de viagem, liguei pra ele e pedi uma oportunidade.

Na hora, ele me chamou ao centro da cidade, e meia hora depois de ter chegado lá eu já estava contratado. Nesse mesmo dia, às 4 da tarde, Rodrigo me mandou com o pai, e sócio dele, a uma reunião na Excelsior Seguros, para ajudá-lo na parte técnica. Rabiscou um papel sobre o que eu deveria falar - que eu não entendi nada! - e me desejou boa sorte. Assim eu comecei meu trabalho na Orypaba, da família Protasio, representante do grupo inglês Jardines, futuro JLT.

Com Rodrigo, os dias nunca eram comuns. Eu fazia de tudo, desde reuniões com presidentes de seguradoras até levar o carro dele na oficina mecânica, e isso me deu resiliência e humildade ao longo da minha carreira para saber que, **com força de vontade, você aprende qualquer coisa.**

A Orypaba também tinha como sócio o Carlos Alberto Protasio, pai do Rodrigo e um verdadeiro "gentleman", que nos ensinava a ter paciência quando a maré virava, e tinha uma relação no mercado segurador que abria todas as portas para a gente.

Em 2001, aos 23 anos, eu já era diretor e sócio da Orypaba - mais um movimento arrojado do Rodrigo, que não tinha medo de errar e sabia reconhecer os feitos de quem estava à sua volta. Na época, eu, estudante de economia da PUC do Rio de Janeiro, tinha uma vontade enorme de ir para o mercado financeiro, que ainda tinha alguma força na Cidade Maravilhosa, mas essa oferta do Rodrigo simplesmente me fez acreditar na Orypaba e esquecer esse sonho - ainda bem.

Fiquei na Orypaba até 2004, quando John Hollinrake, um inglês bonachão, dono de um restaurante escocês em Londres chamado

Líder Humano

Boisdale, aonde levávamos nossos clientes na capital inglesa, me chamou para abrir um representante do HSBC Insurance Brokers no Brasil. John me levou ao Boisdale com seu parceiro John Holton e seu chefe Bruno Le Roy, das Ilhas Maurício. O bar tinha uma banda de jazz tocando, a melhor seleção de whisky de toda a Inglaterra e uma cozinha especializada em "game food" (comida de caça). Fechamos negócio no próprio Boisdale, assinado em um pedaço de papel.

Eu continuava sócio dos Protasio, mas passava a ser majoritário na nova companhia, um spin off da Orypaba. Nascia a Capital Re. Éramos eu, minha mãe, meu sobrinho e um amigo dele da época de escola, o Henrique Marques. Nosso escritório ficava no prédio da Frota Oceânica de navegação, pois tínhamos como sócios também o Rafael Fragoso Pires, dono da Frota, e o Lula Lima Rocha.

...

Em outubro de 2007, quando nossa empresa Capital Re estava completando três anos de vida, eu recebo um telefonema (ou um call, para os millennials) do segundo homem do Grupo JLT, Mark Drummond-Brady. O call foi excelente: Mark e eu tivemos empatia instantânea. Ele estava à procura de um CEO para o seu negócio de

Resseguros no Brasil e não estava encontrando. Após muita insistência de dois colegas da JLT em Londres, Andrew Barnes e Sonia Caamano, Mark resolveu dar uma chance para esse garoto de 29 anos que tinha montado sua própria empresa com outros mais jovens ainda e a ajuda da mãe (a chance de dar certo era pequena – ou não).

Vamos combinar que uma empresa tradicional do ramo de seguros não tem como praxe arriscar seu business com jovens abaixo dos 30 anos como CEOs. (O próprio Mark mais tarde falou que muitos no grupo não queriam investir no Brasil – inclusive o chefe dele e meu amigo Dominic Burke.) Desliguei o telefone com Mark e fui direto contar ao Alvaro Eyler, na época meu sócio na Capital Re e uma locomotiva comercial, ao Henrique Marques, o cara mais certinho e geek que conheço, daqueles que limpam o ar condicionado do carro com cotonetes (merecidamente, futuro COO da JLT no Brasil), à minha mãe e à minha namorada na época e futura esposa Roberta (que se tornaria mãe das minhas lindas filhas).

Com sua visão grandiosa, Alvaro logo viu o mundo todo nas suas mãos e começou a pensar em fechar os maiores seguros do mundo. Henrique, o certinho, travou o pescoço e caiu no chão pensando que tudo ia acabar. Minha mãe achou o máximo, mas estava preocupada com a planilha de Excel que ela pensou ter perdido sem salvar pela décima vez naquela manhã. Minha mulher, como boa advogada, quis ver o contrato para ter a certeza absoluta de que eu não iria assinar nada sem ler (a minha cara). Guarde esta cena: é didática para falarmos sobre diversidade nas lideranças.

Eu já tinha tido uma passagem pelo Grupo JLT antes de decidir fundar minha própria empresa, a Capital Re, e sempre tive uma admiração muito grande pela companhia. A história do sócio fundador é inspiradora e pode ser lida no livro The thistle and the jade e também nas obras de James Clavell, como Casa nobre. Na realidade, Willian Jardine e James Matheson foram os fundadores da moderna (e hoje turbulenta) Hong Kong.

A Capital Re, por sua vez, representava no Brasil o HSBC Insurance Brokers, outro grande conglomerado de Hong Kong, mas, como acontece em todo grande banco, os seguros não estavam no core do que o HSBC fazia. Aprendi muito com nosso parceiro no HSBC, um cara gente boa das Ilhas Maurício chamado Bruno Le Roy. Um dia eu estava chateado com algum negócio perdido para um concorrente e o Bruno me deu um dos grandes ensinamentos que tive até hoje:

- Nicolau, enquanto houver concorrentes nós vamos estar bem. Se nossos concorrentes ficarem mal, tenha certeza de que nós também vamos estar mal.

Pura realidade (salvo exceções), pois os negócios de um mesmo setor crescem (em taxas diferentes) e encolhem (também em taxas diferentes) mais ou menos na mesma tendência. Esse ensinamento me fez desmistificar aquele papo de que você tem que esmagar a concorrência. A concorrência é mais sua amiga do que inimiga. Tudo bem: você ganha e perde da concorrência; mas se todos os times do campeonato de futebol forem ruins, o público nos estádios vai cair até para o time bom, correto? Vamos falar disso mais para a frente.

Depois de seis meses daquele famoso call, a Capital Re tinha sido comprada pelo Grupo JLT e eu me tornaria o CEO da JLT Resseguros. Dominic logo mudou de ideia não cansava de falar que o Brasil era um de seus países favoritos no Grupo, e sem dúvida o que mais cresceu em receita e em lucro. O Brasil representou 20% do crescimento global do Grupo JLT de 2013 a 2018 (quando foi vendido ao Grupo MMC).

A Capital Re foi nosso real start up: garotos cheios de sonhos num apartamento (na realidade, numa ex-garçoniere que um antigo industrial carioca utilizava para levar suas amigas mais próximas, mas isso é outra história) no centro do Rio de Janeiro. Poucas pessoas acreditavam no nosso potencial, mas o que realmente importava era que nós acreditávamos muito. Nós tínhamos certeza de que ia dar certo, apesar de ouvirmos o contrário de muitas pessoas.

Hoje, muito dos grandes talentos da Marsh Brasil vieram da Capital Re, como Leonardo Dale, Fabio de Biase, Ricardo Ciardella, e os próprios sócios Alvaro Eyler e Henrique Marques, além de outras pessoas que estão em posições de liderança, como a Bia Protasio, líder da Liberty Seguros no Brasil. Muito da liderança humana sobre a qual contarei aqui aprendemos em nosso laboratório chamado Capital Re.

Esta é só a introdução do nosso manual do líder moderno, do líder humano, do líder do futuro. Vamos agora entender como chegamos até aqui, e qual foi o "monte de pequenas coisas" que fizemos para termos sucesso não apenas financeiro, mas também social e, principalmente, humano.

"Foco em gente, fazer o bem, correr atrás sem atalhos: são princípios que carrego ao longo dos meus 20 anos de carreira. Iniciei meu caminho em uma das maiores seguradoras do Brasil e, já no primeiro ano, percebi que meu perfil se encaixava melhor em empresas pequenas com processos menos engessados. Meu grande amigo Nicolau, ao identificar uma vaga na Orypaba, em 2003, me chamou para uma conversa nos escritórios da empresa e eu me identifiquei imediatamente com aquele ambiente onde a turma tinha sangue nos olhos e foco no trabalho.

Éramos seis pessoas numa sala meio improvisada no Aterro do Flamengo, e nada mais. Trabalhamos duro por três anos, somando vitórias que eram impensáveis quando me juntei ao time. O ambiente era de pressão, mas descontraído e leve ao mesmo tempo. Nicolau era um líder que identificava talentos e os deixava atuar em suas qualidades sem microgerenciar sua equipe. Com esse estilo de trabalho, pude ter o espaço que precisava para desenvolver as minhas relações profissionais. Uma delas acabou me levando a fundar no Brasil em 2005 a empresa onde trabalho desde então: a MatthewsDaniel.

Levei comigo princípios e também aprendizados dos meus anos trabalhando com o Nicolau, e os apliquei na minha nova empreitada. O primeiro deles é o foco nas pessoas e na equipe montada. Hoje, me orgulho em olhar a história da MatDan no Brasil e, ao mesmo tempo, ver no que se transformou aquela empresa de seis pessoas no Aterro do Flamengo. Quase 20 anos depois de trabalharmos juntos, sou grato pela oportunidade e principalmente pela liberdade de poder trabalhar com foco em minhas melhores qualidades, de forma clara e objetiva. Não teria sido possível se o Nicolau não focasse no lado humano da sua equipe."

(Manuel Tarantino, Vice Presidente na MatthewsDaniel)

A JLT

Em oito anos, a JLT protagonizou o maior case de sucesso brasileiro numa empresa de corretagem de seguros, resseguros e benefícios dos últimos 20 anos. E eu vou contar para você exatamente como isso aconteceu.

Você já viu algum filme em que o herói é John, o Corretor de Seguros? Não, né? Então se prepare: nós conseguimos transformar uma empresa de um setor pouco "sexy" (no jargão de negócios) em uma empresa super "sexy". A JLT era uma companhia desacreditada e lenta. Não conseguíamos contratar ninguém e apresentávamos prejuízo ano após ano.

Mas o jogo mudou. Nosso negócio teve uma avaliação recorde e fizemos um unicórnio tupiniquim. Com um modelo de ambiente saudável de negócios e uma enorme geração de caixa, a JLT tornou-se uma retentora de talentos. Passou a ser o sonho de muita gente trabalhar conosco! O real segredo e propósito disso tudo? Humanidade. É preciso resgatar a humanidade nas organizações!

"Acho que "Humano" é mesmo a melhor maneira de descrever o exemplo de liderança que o Nicolau criou na JLT. Houve sucessos, desafios, erros e

acertos. A perspectiva de humanizar o ambiente de trabalho e de olhar muito mais o lado pessoal do que a frieza numérica em um momento de decisão foram marcas registradas que muito me impactaram.

Se tem uma coisa que me marcou era a sensação de que toda vez que eu procurava o Nicolau com um problema, saía da sua sala com outro olhar sobre a questão, seus impactos e consequências. Olhando para trás - especialmente para minha carreira -, a aposta na pessoa sem ver data de nascimento, a calma, o amadurecimento e o reconhecimento de todos que estavam ao redor me fazem leal e para sempre agradecido pelas oportunidades. Nada mais humano do que apostar nas pessoas e não nos preconceitos, não é mesmo?

Ao mesmo tempo, humanizar, criar um ambiente familiar e de amizade, nunca o impediu de impor a liderança nas decisões difíceis. A quantidade de "high performers" que criou, o sucesso pessoal e financeiro que atingimos na sua liderança são um grande caso que provam que esse modelo funciona. O líder não era alguém temido, inacessível ou quase místico - era alguém pé no chão, presente, igualitário, acessível como poucos e para todos."

(Pedro Farme, CEO da Guy Carpenter)

3
Progresso
e
Humanidade

O líder do futuro

Esta é a história do líder do futuro.

Você já deve ter lido sobre líderes do futuro,
mas meu conceito não se refere a um indivíduo,
e sim a um grupo de pessoas. A nova liderança
é coletiva. Não à toa, temos visto nosso
sistema político sair de moda – esse papo de
reis, rainhas, presidentes e donos do mundo
é cafona demais. O que o mundo quer é uma
real cooperação de trabalho. O que importa
agora é o time. A foto de capa do jornal de
negócios é do grupo, e não do jovem promissor
engravatado. O líder do futuro não é você,
somos nós.

O problema da desigualdade

Durante a Revolução Industrial ocorrida na Europa no século XVIII, muitas famílias migraram do campo para a cidade em busca de trabalho nas novas fábricas que se proliferavam com a invenção da máquina a vapor. O sistema de produção mudou radicalmente: as áreas comuns do campo foram privatizadas, a agricultura se desenvolveu e a matéria-prima para a produção fabril passou a ser produzida com abundância. A produção de ferro e a extração de carvão permitiram o desenvolvimento da tecnologia marinha inglesa e, consequentemente, da produção de máquinas. O trabalho livre e assalariado se expandiu ao mesmo tempo em que se reduziu a interferência do Estado na economia. Com a mega-industrialização, houve barateamento e aumento da oferta de produtos que antes eram muito caros e escassos. A Inglaterra, pioneira nesse processo, tornou-se a maior potência econômica do continente.

Todo esse progresso soa espetacular aos ouvidos liberalistas, mas o que poucos falam é que a Revolução Industrial foi na verdade uma grande Involução Humana.

Com a expansão do maquinismo, a produção passou a ser em série, e aconteceu o fenômeno conhecido como "expropriação da técnica". O trabalho, que estava centralizado no trabalhador, passou a ser feito pelas máquinas. Com a chegada da tecnologia, não era mais necessária a expertise humana. Pessoas com qualquer grau de educação poderiam ser treinadas para operar máquinas. Quem antes usava as próprias mãos para transformar algodão em roupa agora só precisava apertar um botão ou girar uma manivela repetidas vezes. O povo livre se alienou e se tornou escravo de seu trabalho.

A mão de obra das fábricas era, na sua maioria, composta por mulheres e crianças, que faziam jornadas de mais de doze horas de trabalho com salários irrisórios. Muitas vezes, o mau trabalho era punido com agressões físicas. Como não era preciso nenhum grau de instrução, se alguém recusasse um emprego com baixa renda, teria outra pessoa para ocupar o lugar dela. Isso fez com que a população fosse obrigada a aceitar empregos com condições insalubres de trabalho.

As primeiras regulamentações que diminuíram a jornada de trabalho e amenizaram as condições de vida dos trabalhadores vieram só na metade do século XIX, por conta da pressão constante dos operários, que se uniram para reivindicar seus direitos. Mas a incrível piora na condição humana ocorrida no período trouxe heranças e costumes que persistem até hoje.

Logo no início da Revolução Industrial, quando

milhares de famílias pereciam em fábricas úmidas, quentes, sujas e escuras, o mundo começou a abolir a escravidão. Movimentos abolicionistas fomentavam na Inglaterra e em suas colônias. Em 1783, o estado de Massachusetts, nos Estados Unidos, foi o primeiro território americano a abolir a escravidão. José Bonifácio, uma das principais figuras que participaram do processo de independência do Brasil, classificava a escravidão como "um câncer que destrói as bases da sociedade". Apesar disso, o Brasil carrega a triste marca de ter sido o último país da América a abolir a escravidão, em 1888.

Mas, enquanto se lutava pelo fim do sistema escravista africano, não se via que outra forma de escravidão se desenvolvia na Europa.

...

Em 1602, na Holanda, ações da Dutch Vereenigde Oost-Indische Compagnie (também conhecida como VOC ou Companhia das Índias Orientais) foram emitidas, surgindo a primeira companhia de capital aberto como conhecemos hoje. Segundo o historiador Fernand Braudel, esse acontecimento abriu a possibilidade para todos participarem do capital e dos ideais dessas companhias, pois até então isso somente era possível para a aristocracia.

Em 1625, o Rei Charles II da Inglaterra fundou o Observatório Real de Greenwich, escritório de pesquisas com o objetivo de ajudar os marinheiros a registrar sua longitude durante as navegações. Com isso, foi criado o "longitude prize", prêmio de 20 mil libras que seria dado a quem resolvesse um dos maiores desafios do século: como determinar a longitude de uma embarcação em alto mar? Que paradoxo: os mesmos governos que libertavam escravos negros e escravizavam famílias industriais acabara de criar um grande incentivo para a população geral contribuir com a inovação.

O mundo caminhava para uma grande era tecnológica com maior oferta de produtos a melhores preços. Mas o custo disso era uma queda brusca na qualidade de vida das famílias.

Os reflexos desse processo brutal são notados até hoje. Recentemente, minha mulher entrou em um carro nos Estados Unidos de um motorista de um aplicativo de transporte. Perguntado como era sua rotina, ele comentou que começava a dirigir às 6h da manhã e só parava às 21h, inclusive aos finais de semana. Mas que tinha tudo o que queria: uma ótima casa, eletrodomésticos, uma boa escola para os filhos.

Vivemos a era da "escravidão chique", em que passamos a maior parte de nossas vidas trabalhando para conseguir prover às nossas famílias uma vida minimamente digna. Você pode estar pensando que é exagero comparar o sistema de trabalho atual à escravidão. Mas reflita. Da mesma forma como olhamos para trás e vemos as deploráveis condições de trabalho na Revolução Industrial se transformarem em disfarçadas longas jornadas com pouquíssimo tempo de descanso ou lazer, como vamos olhar daqui a 300 anos para as condições a que estamos submetidos hoje?

Muitas companhias já estão à frente dessa evolução, com políticas como home office, banco de horas, horários flexíveis, licenças maternidade estendidas a toda a família e short Fridays. É possível notar, portanto, que há um caminho sendo traçado por algumas empresas mais modernas em busca de melhorar o dia a dia das pessoas no ambiente de trabalho.

Enquanto escrevia este livro, fomos acometidos pela pandemia do coronavírus, e vimos um processo hiper acelerado das empresas sendo obrigadas a entrar no modo home office, com 100% de seus funcionários trabalhando de forma remota. **Há de se ter cuidado para que o home office seja feito contando o fator Humanidade**. Nem todo mundo mora em residências grandes, onde se possa ter o mínimo de privacidade, e também existe um outro tipo de exaustão em fazer reuniões pelo computador, que é diferente da exaustão de um dia de trabalho. Além disso, fica o risco de que reuniões virtuais sejam feitas em horários muito esticados, e que sobre pouco espaço para o descanso. Não podemos cometer o mesmo erro cometido na Revolução Industrial.

Sem dúvida, a desigualdade social é um dos piores males que incidem sobre a humanidade. Desde a Revolução Industrial, caminhamos muito no sentido de reduzir a pobreza da população mundial. Segundo a organização internacional Our World in Data, esse índice caiu de 36%, em 1987, para apenas 8% em 2019. Dados do programa de Economia e Desenvolvimento Global da Brookings Institution mostram que a classe média cresceu de 21% da população mundial em 1987 para 47% em 2019, o que ajudou a resolver grande parte do sofrimento mundial. Mas uma pesquisa do consórcio acadêmico internacional World Inequality Database chama atenção para um perigoso caminhar em direção à desigualdade: os 1% mais ricos dos Estados Unidos, que em 1975 eram donos de 8% da renda total do país, em 2015 representavam inacreditáveis 22% da renda.

Essa condição é em parte exemplificada pelo grande "gap" norte-americano entre o que ganha um CEO e um trabalhador. Segundo o think tank americano Economic Policy Institute, essa diferença era de 25 vezes em 1975, e em 2015 atingiu o alarmante índice de 272 vezes. Se isso não é desigualdade ao extremo, o que é?

Kevin Kaiser, meu professor no Instituto Europeu de Administração de Empresas (Insead), dizia que todos os funcionários tinham que ter **"skin in the game"**, ou seja, tinham que participar dos lucros e prejuízos das companhias para as quais trabalhavam.

Na minha empresa, tínhamos uma política de bônus em que todos eram elegíveis, independentemente do cargo. A copeira ganhava bônus todo ano, pois fazia o serviço muito bem. Já alguns diretores, quando não atingiam as métricas necessárias, ficavam sem remuneração extra. Dessa forma, tivemos um crescimento vertiginoso, baseado em meritocracia, porém não restrito somente à diretoria.

A solução para a desigualdade não está simplesmente nos programas de impostos ou nos empregos supostamente mais estáveis oferecidos pelo Estado, mas sim na junção do que há de melhor no capitalismo e no socialismo. Nossas empresas precisam ser transformadas em verdadeiros celeiros de riqueza para toda a comunidade que participa de um negócio, com respeito às contribuições intelectuais de cada um e às remunerações proporcionais, mas certamente **com um balanço mais digno para o lado baixo da pirâmide e menos abundante para o topo!**

Humanidade

Afinal, o que é essa tal de humanidade nas organizações?

Para começar, empresas são feitas de pessoas. Então, querendo ou não, a humanidade é o que faz uma empresa. Parece óbvio, mas diariamente vejo amigos reclamando de atitudes desumanas no ambiente corporativo. Não adianta fazer trabalho voluntário em instituições carentes e dar cobertores aos moradores de rua nos dias frios se a faxineira da empresa não tem dinheiro para o filho comer – e, enquanto isso, o dono do negócio acabou de comprar um jato de USD 20 milhões.

O capitalismo precisa evoluir. Não falta dinheiro no mundo: o dono da empresa pode comprar seu jato, mas também pode (e deve!) dar dignidade à faxineira, para que ela tenha condições de proporcionar a si própria e a seus filhos moradia, comida, educação e lazer. Em algum momento, acreditou-se no mundo que, para um ter, o outro precisava não ter. Isso não é verdade. Segundo a Organização das Nações Unidas, desperdiça-se o dobro de alimentos de que seriam necessários para acabar com a fome no mundo. Dá vontade de rasgar meu livro de economia quando leio que os recursos são escassos! Os recursos são abundantes, e desafios como este o mundo precisa resolver imediatamente.

Mas vamos voltar ao dia-a-dia de uma empresa.

Se você acha que a humanização de uma empresa vem do comum acordo, com todos andando alegres pelos corredores, sem espaço para discordância, sinto informar que você está enganado. O líder humano discute, mas tolera; erra, mas reconhece o erro; não aceita ordens sem questionar (seu filho aceita?); respeita a decisão do grupo (se o seu filho não for uma criança mimada, também deve aceitar).

Os índios toltecas já diziam: "Seja impecável com a sua palavra. Não leve nada para o lado pessoal. Não tire conclusões. Sempre dê o melhor de si." Junto a termos como felicidade, dança, amor, sorriso e abraço, esses ensinamentos estavam escritos na parede do meu escritório nos meus últimos anos de JLT. Posso dizer que, desde que implantamos o conceito de humanidade, vivemos isso todos os dias. Transformamos um business frio, boring e pobre numa empresa alegre, jovem e rica.

Nicolau Daudt

O "milagre" da Rose

Rose Gondim trabalhava conosco desde 2006, tempos da Capital Re, e sempre fez seu trabalho com muita qualidade. Em 2014, no meio de um feriado, estava com minha família em Angra dos Reis, litoral sul do Rio de Janeiro, quando toca o telefone. Era a Rose.

Imaginei que ela tivesse ligado por engano e não atendi, mas o telefone voltou a tocar. No "alô" da Rose eu senti seu desespero. Seu pai estava com uma infecção pulmonar gravíssima se alastrando pelo corpo numa unidade ambulatorial do Estado, sem conseguir vaga para um hospital particular.

Na hora, fiquei um pouco sem saber como poderia ajudar. Era pleno feriado, eu estava fora da cidade. Mas aquilo não saía da minha cabeça. O que eu podia fazer para ajudar a Rose? Em meia hora, me ligou o Luís Cardoso, para me contar que havia recebido o mesmo telefonema da Rose. Quando Deus quer, nada é impossível.

Liguei para um amigo meu, Nemer Chedid, diretor do hospital Santa Bárbara, em Botafogo, no Rio de Janeiro. Eu precisava de uma vaga na UTI para um paciente sem plano de saúde – algo complicadíssimo no Brasil –, e ele conseguiu: mandaria uma ambulância buscar o pai da Rose imediatamente.

Mas e o custo disso tudo? Quem paga? Uma conta de hospital não pode ser orçada num caso crítico e grave como esse, mas com o laudo do paciente tínhamos um prognóstico de que seria um custo alto, mas possível de ser pago pela empresa, com a garantia de que a Rose nos reembolsaria. Liguei para o Luís Cardoso e, em 10 minutos, tomamos a decisão de garantir a internação do paciente.

O pai da Rose passou um mês no hospital. Os primeiros dias foram muito desanimadores, com pouca chance de cura. Os médicos intensivistas o apelidaram de "Milagre". Nós pagamos a conta e a Rose nos reembolsou.

Fico pensando no que teria acontecido se, naquela noite, eu e o Luis tivéssemos simplesmente ignorado a ligação de uma colega de trabalho fora do horário de expediente. Não seríamos vilões se assim o tivéssemos feito – mas não teríamos salvado uma vida. Que bem material tem mais valor que isso?

Você pode estar pensando: "Mas se eu fizer para um, terei que fazer para todo mundo". Em 12 anos, a Rose foi a primeira funcionária que me pediu uma ajuda desse tipo. Precisamos confiar nas pessoas. Nunca recebi pedidos abusivos. É lógico que já disse muitos nãos na vida, em situações que eu realmente não tinha como ajudar. Mas o Líder Humano não pode ajudar alguém com medo de ter que fazer a mesma coisa por outras pessoas. Tenho muito orgulho de ter tomado essa decisão que não me custou mais que 15 minutos ao telefone.

"Estava no escritório. Era para ser mais um dia comum de trabalho, quando recebi a ligação que mudaria tudo. Era a minha avó. Era sobre o meu pai. Ele não estava bem e foi para em um hospital da rede pública. Fiquei apreensiva e, naturalmente, minha cabeça se desligou do meu corpo. Eu estava sentada na cadeira do escritório, mas meus pensamentos estavam no hospital com meu pai. Lembro-me de estar sozinha. O gestor estava de férias, e a área era enxuta.

Logo me deparei com a situação de ter que alinhar a correria do trabalho às visitas ao hospital. Tanto meu rendimento como a saúde do meu pai caminhavam para o CTI. Meu pai é surdo, e precisava de alguém que falasse Libras para acalmá-lo e explicar aos médicos o que ele sentia. Na minha família, só eu sou fluente na linguagem de sinais.

Em situações como essa, o medo de perder o emprego faz o funcionário esconder os problemas pessoais no trabalho. Ninguém quer ser visto como um "funcionário problemático". Mas depois de uma liminar fracassada – eu havia entrado na justiça para requerer uma vaga na rede particular – e a notícia de que se meu pai não fosse transferido em 24 horas ele viria a óbito, eu perdi o ar. Foi o dia mais ofegante da minha vida!

Era um final de semana, e resolvi pedir socorro. Recorri às pessoas mais sensatas e que eu sabia que poderiam me ajudar: enviei uma mensagem aos meus queridos gestores. Nessas horas, não há tempo nem espaço para a timidez. Juntos, conseguimos a transferência. Eu tive todo o apoio que precisava. A empresa me acalmou e pôs meus pés de volta no chão. A essa altura, meu pai estava em coma induzido e respirando por aparelhos. Os médicos do novo hospital diziam: "Se ele sair dessa vivo, será um milagre".

Durante todo o tratamento, senti uma humanização da JLT fora do normal. A cada hora, um líder me ligava para saber notícias e oferecer ajuda. A cada ligação, um alívio e a certeza de que eu não estava só. Quando me dei conta de que a empresa estava ao meu lado, 50% do peso que eu carregava sumiu (a outra metade dependia de um "milagre").

Milagre. Esse foi o apelido que meu pai carinhosamente recebeu no hospital. Após exatos 30 dias de internação, ao vê-lo feliz em alta, não tive dúvidas de que havia feito a coisa certa.

No trabalho, meu rendimento disparou. Eu

não era só uma funcionária feliz – eu era pura gratidão, e assumi o compromisso de retribuir com meu trabalho tudo o que fizeram pela minha família. A JLT me deu as mãos e me abraçou no momento em que eu mais precisava. Era possível sentir a corrente de fé que havia se formado. Ali, o que estava em jogo não era uma relação "CNPJ x matrícula", mas uma relação humana. A maior preocupação da empresa era ver sua funcionária feliz e realizada.

Meu pai, Milagre. Eu, Felicidade, JLT, Humanidade."

(Rose Godim, 12 anos de JLT)

4
Harmonia
Familiar

"Nossa empresa é uma família". Você já reparou como está na moda dizer isso? A realidade, no entanto, é que quando juntamos pessoas que foram criadas juntas, irmãos, pais, filhos, primos em um ambiente profissional, adicionamos algumas complicações a mais na equação de uma companhia.

A primeira coisa que temos que aprender quando se trata de trabalhar com grupos familiares é que toda família tem um histórico anterior e exterior à empresa. Irmãos que foram tratados de forma diferenciada pelos pais, pai e filho que estavam acostumados a uma estrutura hierárquica que se inverteu. A primeira coisa a se fazer é: **não ignore estes históricos**. Eles são características intrínsecas à família, e devem fazer parte de seu dia a dia.

Segundo ponto: ao mesmo tempo em que os históricos são considerados, a performance e as atribuições de cada um devem ser dadas pela competência e **nunca pelo parentesco**. Esse, sem dúvida, é o ponto mais difícil da equação: "como assim, o Junior não vai ser o próximo presidente da empresa?" Bom, todos nós sabemos que se o Junior não estiver mais preparado que todos os outros concorrentes, o Junior vai destruir valor da empresa. Então, por mais dolorido que seja, a família tem que ser suficientemente madura e honesta para distribuir as responsabilidades de forma correta.

Muita gente vai ler isso e dizer que na JLT tivemos posturas que foram contra isso. Sem dúvidas houve muitas discussões relacionadas a esse tema, e tentamos ser transparentes com todas as pessoas sobre o porquê de algumas promoções para familiares, **sempre com base na meritocracia.** Mas se eu falar que fomos perfeitos nisso estarei mentindo, porque também não se pode criar uma situação de destruição na estrutura de uma empresa (a não ser em casos de prejuízos acumulados).

A "desfamiliarização" de uma companhia que cresce é inevitável e vital para o crescimento e o sucesso da empresa, mas saiba que é um processo longo e doloroso, onde todos têm que ser respeitados, e onde o mais importante é o objetivo final. Tenho muito apreço pelo que a família Klabin fez com sua empresa de papel, ao decidir em um dado momento que a família deveria ficar apenas no conselho, para deixar executivos sem interesse familiar tocarem o dia a dia. A Klabin é uma das maiores empresas brasileiras e teve muito sucesso nesse modelo.

...

Em 2013, dois anos depois de ter assumido a direção das três empresas do Grupo JLT no Brasil, e já livre da crise enfrentada no início dessa jornada, havia chegado a hora de fazermos uma aquisição para dar uma incrementada em nosso negócio.

Já éramos líderes no Brasil em Resseguros, e estávamos com um bom ritmo de crescimento em Seguros e Benefícios. Mas o mercado estava aquecido para Seguro Saúde. A Oferta Pública Inicial (IPO) da Qualicorp e da Brasil Insurance tinham mostrado grande sucesso, e nós havíamos contratado a McKinsey para fazer um estudo de mercado.

Mas me lembrei de uma das maiores lições que recebi de Kevin Kaiser, meu professor do Insead: **80% das aquisições no mundo destroem valor em vez de criar.**

Nossos acionistas também eram muito criteriosos com relação aos múltiplos pagos pelos lucros - talvez já experientes no risco de aquisições mal feitas para o negócio. Na realidade, a Brasil

Insurance jogou lá para o alto os múltiplos das corretoras. Na época, todo mundo queria vender por preços dignos de uma bolha e, infelizmente, a própria Brasil Insurance sofreu muito por ter pago tão caro. Alguns anos depois de sua estreia no mercado aberto, sua ação caiu a preço de banana. (Vale destacar que hoje a empresa tem uma equipe competente dando a volta por cima).

A realidade é que os preços estavam muito altos. Nessa hora, a humanidade do líder era importante para escolhermos os sócios certos, e não simplesmente aqueles que estavam dispostos a fazer um bom *deal*, colocar o dinheiro no bolso e sair correndo.

Eu tinha dois amigos de infância, Guga e Beto Clark, que assumiram a corretora do pai, Sérgio, em 2001. Eram quatro irmãos e o pai trabalhando juntos. Eu, que tinha acabado de demitir minha mãe, trabalhava com meu sobrinho, e tinha sócios que também eram parentes entre si, cogitava adicionar outra família ao negócio?

Imaginei que a empresa teria suas questões familiares, e que isso seria o maior desafio para gerenciar o negócio em conjunto. A Tânia Sandaniel, uma super craque da área de Seguro Saúde e Vida, me deu o conforto necessário para seguir em frente com a negociação, e trazer uma visão um pouco mais corporativa para a operação.

A família tinha outras duas ofertas muito mais

caras para vender seu negócio, mas não estava confortável com os termos finais. Era uma família de valores muito firmes, que estava preocupada com o que tinha construído até ali. Não queria que seu negócio, o modelo e, mais importante, as pessoas fossem descartados de uma hora para outra.

A negociação demorou cerca de 6 meses, e foi uma experiência única. Nunca vi os membros dessa família brigarem ou discutirem. Depois de ter sido sócio deles por cinco anos, entendi o porquê.

O mais importante para em um negócio de família é o entendimento entre os membros. É isso o que proporciona a harmonia familiar.

Entre eles, esse entendimento era claro, e nada artificial. Meu caro amigo Sérgio Clark sempre preferiu perder um negócio a entrar numa briga com a família.

...

Horácio Falcão, professor brasileiro que me deu aulas de negociação no Insead, me ensinou uma grande lição: **Nunca negocie pelo preço, sempre pelo propósito.**

Usei esse ensinamento durante todo o processo de negociação com a empresa dos Clarks. Enfrentando a concorrência de outras duas ofertas, fiz uma proposta que fez brilhar seus olhos: eles continuariam operando a empresa deles, mas com a nossa marca e algumas de nossas regras. O fato de poderem manter a sociedade era, para eles, mais importante do que o dinheiro.

Aproveitei para fechar no momento certo. Assinamos o deal num papel de guardanapo em um hotel ao lado do Aeroporto Santos Dumont, no Rio de Janeiro.

Inevitavelmente, tivemos que fazer algumas demissões. Mas o Guga fez um trabalho incrível para realocar o máximo de pessoas em corretoras ou seguradoras parceiras. Aprendi muito com essa atitude, e a adotei como um de meus princípios.

Nos cinco anos que atuamos juntos, nosso negócio cresceu 500%.

É claro que esse tremendo sucesso não veio de uma hora para outra. Nos dois primeiros anos, até nos acostumarmos aos nossos estilos diferentes, discutimos muito - coisa bastante humana, não? Eu aprendi muito com eles, e sei que eles também aprenderam com nosso jeito um pouco mais "desafiador".

No final, todos ganharam. Hoje eles lideram com muita competência uma parte importante da Marsh, a maior corretora de seguros do mundo.

...

Nicolau Daudt

Era 1999, eu com 20 anos cheguei em casa da faculdade, dormi depois do almoço com um filme antigo sussurrando baixinho na TV do meu quarto, e comecei a sonhar.

Nesse sonho, eu ingressava no meu primeiro emprego: estagiário de um jovem empreendedor, tipo cientista maluco, que falava de tudo, dominava qualquer assunto. Um pouco desorganizado, como todo gênio, mas brilhante em sua visão. Éramos eu, ele e o pai dele. Coisa de sonho, numa jornada emocionante com fortes emoções ao longo do caminho.

Um belo dia fui embora, resolvi que era hora de começar meu próprio negócio, e com o incentivo de um dono de restaurante escocês, um Rei das Ilhas Maurício, um sósia do Príncipe Charles e o Surfista Prateado, fomos eu, minha mãe, meu sobrinho e um amigo dele dos tempos de escola abrir a nossa própria empresa. Sonhos são assim, tudo fica meio misturado.

Fomos muito felizes nessa empresa. Um dia, chegou um inglês bem alto, com nome de realeza, e representando um grupo do século XVII sediado em Hong Kong. Esse inglês queria juntar nossa empresa com aquela primeira empresa em que eu tinha trabalhado, aquele cara meio gênio e o pai dele que adorava tomar um vinho. No sonho, a filha deles tinha se juntado conosco também.

Tinha mais uma galera, um jovem de 12 anos, o

sobrinho do Juba & Lula, o neto de uma princesa russa. Depois chegou um japonês que não sabia falar inglês, mas que logo tomou vergonha na cara e o fez. Casei, tive duas filhas. Um dia chegou uma família sorridente, com dentes bonitos e muito samba no pé. Cada dia chegavam mais pessoas nessa empresa, e os que iam embora continuavam amigos, felizes de um dia terem estado lá. E um dia eu também tive que ir embora, mas de cabeça erguida, porque tínhamos nos tornado os maiores do mundo e nosso legado jamais iria morrer.

Quando acordei vi que tudo era verdade e somente restou agradecer.

5

Uma empresa sem heróis

A sua empresa não existe.

É isso mesmo que você acabou de ler. Por acaso já falou com ela? Já a tocou? Não, né? Então saiba que ela não existe (e, se existisse, eu teria medo dela).

Brincadeiras à parte, essa teoria se chama A lenda da Peugeot, e foi defendida por Yuval Noah Harari no livro Sapiens - Uma breve história da humanidade. Leia um trecho interessantíssimo dessa obra:

"Um pequeno negócio familiar pode sobreviver e florescer sem uma diretoria, um CEO ou um departamento de contabilidade. Mas, quando o limite de 150 indivíduos é ultrapassado, as coisas já não podem funcionar dessa maneira. Não é possível comandar uma divisão com milhares de soldados da mesma forma que se comanda um

pelotão.

Negócios familiares de sucesso normalmente enfrentam uma crise quando crescem e contratam mais funcionários. Se não forem capazes de se reinventar, acabam falindo. Como o Homo sapiens conseguiu ultrapassar esse limite crítico, fundando cidades com dezenas de milhares de habitantes e impérios que governam centenas de milhões?

O segredo foi provavelmente o surgimento da ficção. Um grande número de estranhos pode cooperar de maneira eficaz se acreditar nos mesmos mitos. Toda cooperação humana em grande escala – seja um Estado moderno, uma igreja medieval, uma cidade antiga ou uma tribo arcaica se baseia em mitos partilhados que só existem na imaginação coletiva das pessoas."

Em essência, Harari diz que um grupo de pessoas (mais especificamente, com mais de 150 indivíduos) não pode funcionar de maneira ordenada se não estiver unido por uma ideia fisicamente intangível. As grandes corporações, a exemplo da Peugeot, não passariam de produtos da nossa imaginação coletiva, de uma realidade imaginada. Tudo se resume a contar histórias, e a fazer as pessoas a acreditarem nelas.

Mas, afinal, se a sua empresa não existe, o que é a sua empresa?

É cada uma das pessoas que diariamente

constroem seu espírito. Pessoas que servem seus clientes da melhor forma, que abraçam seus colegas, que se conectam com o mundo para buscar as melhores soluções, que se juntam em um mesmo propósito e objetivo, que reinventam o seu jeito de fazer. Que fazem diferente a cada dia, com criatividade, disciplina e trabalho em equipe. Essa é a sua empresa.

Numa empresa de verdade, não há heróis e, portanto, ninguém é insubstituível. Uma empresa de verdade é colaborativa: todos fazem seu trabalho com responsabilidade e capricho.

Precisamos de menos individualidade e de mais união.

Para as minhas filhas, eu quero um mundo que não dá valor ao suposto herói Neymar e aplaude um time de futebol unido. Um mundo que se une para tirar crianças de uma caverna (como aconteceu na Tailândia), para derrotar um vírus perigoso, para combater a fome.

Por outro lado, também afirmo que **todos são insubstituíveis.** Isso porque, numa empresa de verdade, ninguém passa despercebido e jamais é esquecido. Todos contribuem de forma insubstituível para formar um grupo, uma comunidade.

Por isso, quando você fechar um grande negócio ou resolver um problema casca grossa, pense duas vezes antes de dizer "Eu fiz isso pela minha empresa". Sua empresa não existe, e você não existe sem os demais membros da sua equipe. **Fomos nós que fizemos!**

"A JLT mudou a minha forma de enxergar o mundo corporativo. O ambiente leve sempre foi nosso maior bem, porque com ele éramos impulsionados a dar o nosso melhor. Sem dúvidas, a experiência que tive na JLT me trouxe muita maturidade como profissional. Antes de mais nada, porque eu era respeitada e convidada a participar das mudanças da empresa. Sempre senti que tinha voz, e que minha opinião era considerada. Eu era mais que apenas uma funcionária, era parte da JLT.

Na JLT, vi tudo o que eu aprendi nas aulas de liderança da faculdade se tornarem realidade, da forma mais redonda e transparente possível. Segundo o espírito da JLT, independentemente da sua posição, você é parte da engrenagem que faz a empresa crescer e prosperar. Esse ambiente só existiu porque o grupo de executivos manteve esse espírito vivo, de querer sempre fazer o bem, evitar conflitos, respeitar os demais, focar nos objetivos e entender que somos mais fortes juntos. Constantemente ouvíamos nossos líderes nos encorajando a ter ideias, a pensar diferente, a questionar e querer fazer melhor. Lá, o discurso "vamos fazer juntos" era real."

(Lisandra Mattoso, operacional na JLT por 5 anos)

Na prática

1. Aceite todas as pessoas do jeito que elas são.

Essa proposição muito simples (e, acredite em mim, muito difícil de ser posta em prática!) é a regra inegociável para você ser um Líder Humano.

Uma empresa de 500 funcionários é praticamente uma comunidade. Isso significa que, dentro dela, há uma gama muito ampla de tipos de pessoas: do católico ao evangélico, do homossexual libertário ao heterossexual conservador, do espertão ao certinho. Não adianta você querer mudar o jeito de ser e de pensar das pessoas.

Mas, se você as entender e compreender que todo mundo tem uma história de vida, você vai conseguir conquistar muito mais. **Com amor, é possível aceitar todo mundo.**

Ao identificar uma pessoa com mau comportamento na empresa, esteja sempre pronto para uma conversa. Essa conversa deve ser, ao mesmo tempo, repreensiva e amável. Ou seja, a pessoa deve entender que errou, mas também deve saber que não está sozinha, e que sempre é possível aprender, mudar e se redimir.

Já presenciei casos maravilhosos de pessoas que estavam perdidas, se encontraram e superaram as dificuldades depois de receberem carinho e compreensão. Essas pessoas nunca vão abandonar quem fez isso por elas.

Todas as pessoas que fogem ao padrão branco normativo merecem atenção. Repare na forma como as pessoas negras e as homossexuais são tratadas em sua empresa.

Lembro de ter visto um post em uma rede social que me marcou profundamente. Era uma pergunta direcionada aos seguidores: "Se o racismo não existisse, o que você deixaria de fazer?". As respostas foram assustadoras. Uma delas não sai da minha cabeça: "Eu não precisaria explicar para o meu filho por que quando entramos em uma loja os vendedores ficam constantemente nos observando, controlando por onde andamos e o que seguramos".

Há um racismo estrutural e implícito na sociedade, que não é visível aos olhos dos brancos, mas que é sentido na pele pelos negros. E, como a sua empresa é um espelho da sociedade, lá não poderia ser diferente. Por mais que tentemos criar ações para abraçar a diversidade, ainda há muito preconceito por parte das pessoas.

Líder Humano

Tenho orgulho de ter amigos de todos os tipos, e de ter trabalhado em empresas que abraçam a causa da diversidade com muita seriedade e paixão. Um recado para você, Líder Humano: **ame as diferenças e se coloque sempre no lugar do outro** – por sinal, isso tem um nome: empatia.

2. Olhe para as pessoas.

O Líder Humano do século XXI é muito cuidadoso em relação ao olhar.

Muitas pessoas reclamam por não serem vistas no trabalho. Canso de ver (supostos) líderes que andam pela companhia e não dão um simples bom-dia a quem encontram pelo caminho. Preste atenção nas pessoas ao seu redor e se esforce para enxergar aquelas que estão com uma energia mais baixa e que precisam de uma palavra de conforto.

Se você é um líder que anda pela sua empresa sem dar bom-dia, você também precisa de ajuda. Lembre-se de que você também é uma pessoa comum, com suas falhas, e que tem o potencial de mudar e progredir. Procure alguém que você admira, revele seu problema e ouça os conselhos que ela tem para lhe dar.

Infelizmente, existe nas empresas certo fascínio pela alta administração. O pessoal que está fazendo o dia a dia acontecer, metendo a mão na massa, não costuma receber muita atenção. **Saber o nome de uma pessoa que trabalha próximo a você, independentemente do cargo que ela exerce, não é apenas importante: é**

uma obrigação.

Melhor ainda é se importar, e perguntar a ela
o nome de seus filhos, a idade de seus pais,
a faculdade que ela prestou. Se não tivermos
interesse pela história dos nossos colegas, o que
estamos fazendo ali, ao lado deles, pelo menos 8
horas por dia?

Você, que é líder e quer humanizar sua liderança,
olhe para as pessoas, sinta a energia de cada um,
sinta a energia do ambiente, pergunte sobre a vida
delas, olhe-as nos olhos, e mostre que ela pode
contar com você na hora que ela precisar.

3. Mostre seu lado frágil

Apesar de aceitarmos as pessoas como são e de olharmos mais para as pessoas que trabalham conosco, temos também que entender que **os relacionamentos humanos não são estáveis.**

Assim como acontece constantemente com o nosso humor, as relações entre as pessoas sofrem flutuações. **Não existe nada mais falso do que o líder que quer ser amigo e feliz o tempo todo.** Todos temos dias bons e ruins, e precisamos demonstrar genuinamente aos outros como somos e como estamos nos sentindo.

Por mais que eu procurasse ser sempre próximo das pessoas, e estivesse sempre disposto a dar um ombro amigo e uma palavra de carinho, eu também tinha meus dias de tristeza e de mau humor – dias em que era eu quem precisava de ajuda.

E eu recebia muita ajuda. Não era porque eu era o CEO que eu precisava demonstrar fortaleza o tempo todo, e ao deixar transparecer minhas fraquezas eu ganhava em troca muito apoio nos momentos difíceis, nos momentos em que devemos demitir um funcionário querido, nos momentos em que tomamos decisões importantes e ficamos em dúvida se foi a escolha certa.

Não permita que sua fragilidade humana se transforme em um tabu. Pelo contrário: mostre seu lado frágil, para que todos vejam a força que você tem para liderar aquela empresa.

4. Espelhe-se em outros Líderes Humanos

Com base nas características expostas acima, identifique Líderes Humanos na sua área de atuação e espelhe-se neles. Não tenha vergonha de admirar outros profissionais, mesmo que sejam seus concorrentes.

Para lhe inspirar cito alguém que admiro: Luís Stuhlberger, gestor do Fundo Verde. No mercado financeiro, não há muitos relatos da aplicação de práticas humanizadas entre as pessoas que atuam no meio. Ouvindo o podcast Stock Pickers, da Infomoney, me surpreendi. O episódio narrava parte da trajetória do gestor do fundo de maior sucesso em todos os tempos no Brasil, e que já rendeu aos cotistas 17.550% em rendimento, em 20 anos de existência. O sócio de Stuhlberger, Luís Parreiras, quando perguntado qual era o maior aprendizado que ele teve com o colega, disse: "Ele exercita diariamente algo que permeia a empresa que nós construímos todo dia: Luís é uma pessoa extremamente boa, de um coração enorme."

Eu nunca imaginei que fosse ouvir isso de um gestor de fundo, e foi uma surpresa muito bacana. Não à toa, Stuhlberger é o maior do Brasil em sua função, um Líder Humano que exerce sua liderança todos os dias.

6
Liderança humana

A vulnerabilidade do líder

Líderes não gostam de mostrar seu lado vulnerável. Mas como este livro trata da humanidade do líder, temos que concordar em que todos somos vulneráveis como seres humanos.

Sinto dizer, mas o super-homem não existe. Em 2017, li um artigo em uma revista que criticava o "super executivo". A coluna "Schumpeter" (nome que remete ao grande economista Joseph Schumpeter, falecido em 1950) da The Economist trazia uma forte crítica à rotina que os CEOs adotam de acordar às 4 horas da manhã e performar como um "super homem".

Mais uma vez: o homem do planeta Krípton ainda não baixou por aqui. O líder terráqueo tem por dever aceitar sua humanidade, e entrar diretamente em contato com seus medos e pontos fracos. Ninguém precisa esconder a própria humanidade.

. . .

Em 2008, já CEO de uma grande multinacional no Brasil, passei por um episódio que demonstrou de forma muito clama minha vulnerabilidade. Eu tinha 29 anos e todos os requisitos técnicos para assumir a função, mas me faltava experiência de vida para lidar com a parte mais dura de ser o presidente de uma grande empresa: manter a serenidade e tomar decisões com sabedoria.

Não deu outra: um belo dia, tive um pequeno ataque de pânico.

Não foi a primeira vez. Eu sofro de claustrofobia crônica e já fiquei 10 anos sem colocar o pé dentro de um elevador. Em 1996, aos 17 anos, sofri um grave acidente de carro junto com meu amigo José Joaquim Nascimento Britto. Capotamos repetidas vezes e, depois de eu quebrar o vidro com minha cabeça e conseguir sair do carro, ele explodiu. Esse episódio está diretamente ligado ao meu contato com a síndrome do pânico.

A crise do pânico é muito assustadora. Você acha que vai morrer, sua pressão sobe de repente. Mas, depois de fazer mil exames, nenhum problema físico é detectado – está tudo na sua cabeça. Filho de mãe psicóloga, fui logo fazer terapia. Em seis meses de sessão com o psicanalista Cesar Ibrahim, eu estava de volta ao normal. Não tomei nenhum remédio; o que curou minha crise foi meu próprio convencimento de que não temos controle de tudo, e que temos que deixar certas coisas ao sabor do universo. (Mais tarde quando busquei um caminho espiritualizado e passei a crer em uma força superior, essa "falta de controle" fez ainda mais sentido.)

Agora, uma adivinhação: um bicho de três letras que se alimenta principalmente de controle. Isso mesmo: o CEO.

Voltemos a 2008. Eu entrei de cabeça na ansiedade do trabalho incessante e tive outra crise de pânico – acompanhada, desta vez, por uma gastrite nervosa. Fui a três gastroenterologistas, e todos me disseram a mesma coisa:

- Você está criticamente estressado e, continuando nesse ritmo, terá que tomar Omeprazol para o resto da vida.

Peraí, deixa eu ver se entendi. Antes dos 30, vou começar a tomar um remédio que, com uso prolongado, pode provocar efeitos colaterais como câncer de esôfago? Não mesmo! Não aceito essa vulnerabilidade. Será que não havia uma forma de eu mesmo controlar esse diagnóstico?

Líder Humano

Aí vem o pulo do gato.

Já era tarde da noite, eu ainda estava no escritório e pesquisava sobre gastrite e os alimentos que poderiam amenizar esse desconforto, quando minha amiga Irene Lima – a Dona Irene –, me viu na sala e falou que eu deveria procurar a Yoga.

Dona Irene fazia Yoga todos os dias, e essa atividade reduz sua ansiedade, além de promover uma série de outros benefícios. Me lembrei do Antonio Tigre, meu amigo da escola, justo o cara que "tocava a zona" no colégio, aquele que era o último que pensaríamos que seguiria uma profissão zen. Hoje, ele é um dos profissionais de yoga mais respeitados no Rio de Janeiro. Seguindo o método do mestre, atende BKS Iyengar (ou Guruji, para seus seguidores). Antonio e sua mulher Juliana também criaram seu próprio método, chamado TerraTigre.

Um garoto indiano que não conseguia fazer as posições mais difíceis da Yoga e com uma série de problemas corporais, Iyengar resolveu criar seu próprio método. Experimentar sua forma de praticar Yoga foi a mais incrível experiência corporal que eu já vivi.

Como Iyengar não conseguia alcançar a flor de lótus e outras posições tradicionais da Yoga, ele criou exercícios intermediários que ajudam o corpo a se abrir enquanto ainda não está pronto para atingir o ponto perfeito. Os exercícios de

Yoga têm, em sua concepção, o único objetivo de possibilitar ao praticante obter a postura perfeita para a meditação. O alinhamento e a abertura são importantíssimos para que se atinja a paz com o corpo e o clímax da vida. Na linguagem da Yoga, esse é o caminho para que você desperte sua kundalini, a energia mais poderosa que seu corpo pode produzir.

Iyengar tem uma visão holística muito bacana da Yoga como forma curativa para mazelas. Na minha primeira aula com o Antonio, eu não conseguia encostar a mão no chão sentado de pernas cruzadas. Quando viu minha dificuldade em alcançar uma das mais simples posições da Yoga, ficou muito assustado. Aquilo dizia muito sobre o estado do meu corpo, era uma surpresa eu estar respirando bem. Hoje, encosto a cabeça no chão com as pernas cruzadas e nunca mais tomei nenhum remédio para gastrite. Posso dizer que a Yoga – e, indiretamente, a Dona Irene – salvou a minha vida.

O método de Iyengar abriu meu corpo para que a energia fluísse e o sangue circulasse. Um bebê morde tranquilamente o próprio pé. Mas, ao longo da vida, nosso corpo enrijece e não fazemos nada para reverter a dureza que o mundo pode nos trazer. Uma das cenas mais marcantes no meu processo de descoberta do corpo – e, por consequência, das emoções presas a ele – aconteceu quando eu estava na posição do pombo, me preparando para Ekapada Kapotasana, e comecei a chorar copiosamente. Eu havia libertado memórias que estavam presas dentro de mim, e com a liberação da dor a emoção se tornou livre.

As pessoas estão desconectadas do próprio corpo. Não há nada mais inóspito que ficar sentado em uma mesa de escritório durante 8 a 10 horas seguidas. É ruim para a circulação e para o trato intestinal. Somado à alimentação industrializada típica do executivo, é tiro e queda para você se afastar dos sentimentos do seu corpo e adquirir um perigoso estado de anestesia.

Fico muito feliz de ter ganhado consciência corporal holística e ter mudado, assim, minha relação com meu corpo. Com a Yoga, vieram outras formas de amor ao corpo e algumas poderosas "válvulas de escape" da ansiedade. A massagem xamânica é ótima para liberar as energias negativas acumuladas; o incrível método belga GDS de fisioterapia alinha o corpo e suas vísceras; a terapia energética Thetahealing nos conecta com a energia criacional e nos eleva espiritualmente.

Tenho uma tendência muito grande de cair na ansiedade, e essa é minha vulnerabilidade. Como disse uma vez minha psicóloga Regina Abramoff, a Yoga, o GDS, a massagem e o Theta são os remédios que eu preciso tomar no dia a dia. Fazendo isso, não entro na roda da ansiedade que leva ao desequilíbrio. Aliadas a uma alimentação cada vez mais saudável, essas técnicas são as responsáveis por eu ter conseguido eliminar os remédios alopáticos da minha vida.

Não tenha medo da sua vulnerabilidade. Aceite-a e encontre formas de se libertar do estresse do dia a dia. Não deixe de entrar em contato com seu próprio corpo, seu bem mais precioso. Conecte-se com a energia divina.

"O Nicolau é extraordinário. Muito mais do que um chefe, ele sempre foi um exemplo de ser humano, de uma pessoa íntegra, honesta e com muito carinho por quem quer que fosse, independentemente de qual cargo tinha dentro da cooperativa. Ele nos incentiva a sermos o melhor de nós mesmos, e faz com que a gente se sinta confortável e feliz em nosso ambiente de trabalho. A JLT é uma empresa muito humanitária, e isso ultrapassa qualquer coisa. Lá dentro eu me sinto livre, confortável e feliz. O mundo precisa de mais empresas assim, como o Nicolau pode fazer."

(Irene Lima, copeira na JLT por 12 anos)

Liderança x Cargo

Se você pensa que o conceito de liderança está associado ao cargo exercido pela pessoa em uma companhia, tire já essa ideia da cabeça. **Liderança é atitude.**

Não confunda liderança com tirania.

Muitos pais pensam que estão criando líderes quando formam crianças absolutistas, cheias de vontade e sem disciplina. Isso está muito longe do conceito de liderança.

Posso afirmar que meus amigos tiranos de infância, na época confundidos com "líderes natos", não tiveram tanto sucesso profissional como aqueles que exibem um maior traquejo social, compreensão alheia e habilidade em reunir pessoas de forma amigável e de resolver conflitos. **Esse é o real líder.**

Deixe-se liderar

O CEO deve ser o profissional mais liderado em uma empresa. Ele assume a liderança somente na hora de tomar algumas – e não todas! – decisões.

Pode parecer um paradoxo que o maior líder de uma companhia deva deixar-se liderar na maior parte do seu tempo, mas entenda: **a liderança é algo sempre comunitário, e nunca absoluto.**

...

"Existem muitas definições sobre o que é ser um líder. Para mim, liderar é um dom que algumas pessoas recebem com o intuito de contribuir para a evolução de todos os que o seguem. O líder pode ser inspirador, autoritário, democrático, carismático, motivador ou até um "coach", que atua como mentor.

Mas qual a diferença de todos esses líderes para o Líder Humano? O Líder Humano é o líder que tem um olhar para o indivíduo, não no sentido humanista, mas no sentido de agregar conhecimentos, vivências e experiências que podem transformar o grupo que lidera, e trabalhar para que sejam cada vez melhores como seres humanos. Esse líder vai muito além das definições que conhecemos do que é "um bom líder". Ele agrega, desperta e proporciona coisas que não aprendemos nas escolas de business, tampouco em cursos de liderança.

O Nicolau assumiu esse papel em sua gestão como CEO. Se eu tivesse que defini-lo, o definiria como um "líder carismático humano". Ele sempre foi uma pessoa espiritualizada, estudiosa e curiosa sobre temas como energia, meditação e propósito. Inclusive promoveu um evento com o intuito de compartilhar um pouco de sua vivência nesse lado holístico com os principais executivos da empresa.

Nesse evento tivemos momentos de reflexão conjunta, autorreflexão, meditação, olhar para o outro, escuta amorosa, mapa de sonhos. No fim, o objetivo de Nicolau tornou-se muito claro: ele queria despertar seus líderes para uma nova consciência, para o autoconhecimento e para a conexão que existe em tudo que fazemos. Nicolau sabia que os executivos que ele "atingisse" verdadeiramente seriam melhores pessoas e líderes, e assim estariam alinhados com a ideia de uma liderança mais humana, que era o que ele desejava e buscava para sua empresa.

Posso garantir que depois dessa experiência passei a ter um novo olhar para o meu time. Mudei a *maneira como lidávamos com as metas e a pressão do dia a dia, passei a enxergar o que realmente era importante para mim como pessoa, qual era o meu propósito, qual era o meu papel enquanto líder, liderada, mulher, mãe, filha e esposa. Levo comigo os ensinamentos que recebi e faço questão de plantar esta semente por onde passo. Gratidão!"*

(Lygia Muriel, Diretora na JLT por 8 anos)

Valorize sua presença

Até meados de 2011, eu era presidente de uma das empresas do grupo JLT no Brasil e sempre recebia os acionistas ingleses quando vinham para cá com muito preparo e organização. Em junho daquele ano, fui para a maravilhosa cidade de Fontainebleau, no interior da França, para iniciar meus estudos na escola de negócios INSEAD.

Coincidentemente, houve uma importante visita dos acionistas ingleses no Brasil na mesma época, e eu não pude fazer a recepção de sempre. Foi nessa ocasião que Dominic Burke, CEO do Grupo JLT, resolveu que deveríamos construir no Brasil uma Holding Co que juntasse todas as empresas do Grupo em uma só, e que o líder desse processo e dessa nova empresa seria eu.

Nem sempre a presença é a melhor fonte de vender seu trabalho. Nem sempre você tem que estar presente e levantar o dedo para fazer diferença. No meu caso, uma ausência gerou uma oportunidade. Você não precisa ser visto em todos os lugares o tempo todo. Faça sua presença ser desejada e valorizada.

. . .

Nicolau Daudt

"Lembro que, quando houve a fusão da SCK com a JLT, em 2014, muitas pessoas comentavam sobre o Nicolau Daudt, um jovem empreendedor que teve uma trajetória de sucesso e que tinha uma humanidade muito aflorada, principalmente com os seus funcionários. Quando o vi pela primeira vez, me espantei com a sua juventude, por ser tão novo num cargo tão importante. Com o tempo, tive a certeza de que tudo o que falavam dele era verdade, e me encantei de verdade com a maneira como ele tratava os funcionários, esbanjando simpatia, humildade e atenção. Ele passava nas nossas mesas e falava com todo mundo, chamando cada um pelo seu nome, e tinha as portas abertas para qualquer um. Infelizmente, isso, hoje, é raro de se ver.

Foi em um dos nossos encontros anuais que eu me surpreendi ainda mais com o ser humano que o Nicolau é. No final da JLT Conference de São Roque, ele decidiu que encerraria o evento agradecendo a cada uma das centenas de pessoas presentes naquele salão, falando o nome de cada um de nós. Me lembro que chegou ao meu lado e me contou o que pretendia fazer. Aproveitou para tirar apenas uma dúvida sobre o nome de uma pessoa, e foi em frente. Eu fiquei com a minha respiração parada, afinal éramos mais de 100 colegas, e a chance de ele esquecer ou errar o nome de alguém era alta.

No final, deu tudo certo. Respirei aliviada e com uma satisfação imensa de poder fazer parte

*daquele grupo, e ter conhecido o Nicolau Daudt.
Além do respeito pelo próximo, pessoas como
ele trazem o brilho nos olhos e o amor pelo que
fazem."*

(Karla Vitorino, gerente na JLT SCK por 8 anos)

*"A experiência JLT significa crescimento,
desenvolvimento, sofrimento, alegrias, medos,
angústias, parceria, espírito de equipe e muitas
conquistas! Nos tornamos mais fortes e com o
poder de disseminar em outras empresas todos os
ensinamentos que aprendemos em nossa casa. Eu
só tenho a agradecer por tudo o que fizeram por
mim, pois pude me tornar um ser humano melhor.
A JLT nasceu quando o Nicolau assumiu a empresa
e nos comunicou tão humildemente na velha
Sala Londres da Paulista, me transmitindo total
credibilidade para a minha nova função, mesmo
que muitos fossem contra. Eu apostei, e a nossa
Família JLT nos mostrou que estávamos certos!"*

(Cristian Arruda, Diretor da área de Benefícios na
JLT por 9 anos)

*"Ao longo da minha vida pessoal e profissional,
sempre, de maneira secreta, elegi modelos ou
exemplos de pessoas e líderes nos quais busco
me orientar em todos os aspectos da vida. Na
minha jornada na JLT, tive o privilégio de conhecer
Nicolau Daudt. Convivemos por intensos cinco
anos, mas eu nunca tive a chance de dizer de um
jeito bacana que ele é um dos meus modelos.*

Nicolau Daudt

Muita gratidão pela oportunidade de fazer isso neste depoimento!

O Nicolau reúne muitas daquelas características que um líder nato precisa ter, mas sua forma ao mesmo tempo complexa e tão simples de lidar com as pessoas surpreendeu muito positivamente, e isso é algo só seu. Em minha visão, essa fórmula mágica o fará continuar sendo uma pessoa e um líder de muito sucesso em qualquer coisa que faça. Nicolau é um 'coração valente' moderno, que vê além do momento. É um humano que não se intimida e não tem qualquer receio de dizer que ama os que estão à sua volta. Isso tudo faz com que as pessoas se sintam acolhidas, confiantes e mais felizes, prontas para trabalhar e encarar os desafios do dia a dia."

(Tania Sandaniel, Líder da área de Saúde na JLT por 7 anos)

7

O delicado processo da demissão

Uma das tarefas que mais aflige um líder é a demissão de um funcionário. Trata-se de um processo doloroso e delicado, tanto quando o funcionário pede demissão como quando é demitido. Infelizmente, a maioria dos líderes "terceiriza" o ato de demissão, o que eu considero um dos grandes fatores de destruição da cultura de uma empresa.

A meu ver, a demissão de funcionários não performáticos é um ato extremamente importante para que uma empresa tenha sucesso. Para ter alta performance, uma corporação deve ser formada por pessoas engajadas, que mostram bom desempenho e acreditam nos mesmos valores da empresa.

É normal que as pessoas passem por fases que as façam mudar seus conceitos, valores e prioridades, e talvez um emprego que fazia todo sentido já não se encaixe mais em suas vidas. Muitas vezes, a demissão é um presente para a pessoa demitida, pois a realidade é que existe um mundo cheio de possibilidades fora da sua organização, e você não pode pensar que sua empresa é o único lugar que existe para um funcionário trabalhar. E tem mais: quem garante que sua profissão ainda vá existir daqui a 30 anos? Ninguém deve se apegar a um cargo e a uma empresa de tal forma que sua vida dependa disso.

Uma demissão é um ato importante, e significa uma grande mudança tanto na vida da pessoa que está saindo como no funcionamento da própria empresa. O CEO deve saber de perto o que acontece no processo demissional, interpelando o líder responsável pela demissão e garantindo o suporte da empresa à pessoa demitida. Por isso, o ato demissional não deve ser terceirizado pelo RH, nem por ninguém que não seja o líder direto daquela pessoa – com exceção de alguém mais sênior ainda, para dar o devido respeito a uma pessoa que dedicou tantas horas de sua preciosa vida para servir àquela empresa.

O Líder Humano não pode terceirizar uma demissão. Demitir deve ser um ato de amor ao outro. Mesmo que o outro tenha cometido algum erro, o processo de demissão não pode ser levado para o lado pessoal. Se a relação pessoal entre um líder e seu funcionário acabou, que termine com respeito e com a devida importância. Muitos líderes se importam muito em saber o quanto a empresa cresceu durante a sua gestão, mas poucos procuram saber como foi feita a demissão do cara que dedicou 20 anos da sua vida para ajudar a construir aquele negócio. É ou não é uma inversão de valores?

Portanto, se você for demitir alguém, pense nas sugestões que eu darei a seguir. Eu garanto – depois de ter feito muitas e muitas vezes – que essa é a melhor forma de contribuir para que a pessoa saia bem da sua empresa (e, muitas das vezes, com um enorme senso de gratidão).

5 conselhos para enfrentar o ato da demissão

1. Caso a pessoa não esteja apresentando bom desempenho, dê feedbacks negativos do trabalho dela continuamente. Se não tiver feito isso, assuma seu erro no ato da demissão.

2. Não delegue o ato de demitir. Deixe seu líder ciente do fato e fale pessoalmente com a pessoa a ser demitida. Explique a ela suas razões sem nenhum envolvimento pessoal. Caso você não seja próximo da pessoa, peça também o feedback dela. Ela sabe por que está sendo demitida? O que pensa sobre o próprio desempenho na empresa nos últimos tempos? Coloque-se sempre à disposição para ajudá-la em sua nova fase da vida.

3. Após o ato da demissão, não mande a pessoa deixar o escritório imediatamente. Dê de 2 a 7 dias, dependendo do tempo de casa, para ela poder se despedir com calma de seu ambiente, e repassar seu trabalho a outro funcionário. É importante que ela saiba que, apesar de uma relação ter chegado ao fim, ela não se tornou inimiga da empresa.

Todas as pessoas devem ser tratadas com respeito.

4. Não encare o ato da demissão como uma despedida definitiva. Lembre-se de que essa pessoa dedicou boa parte de sua vida para a empresa, e que agora ela vai ter que seguir de outra forma. O que custa dar um telefonema alguns meses depois da demissão para saber como ela está, e se está precisando de algum tipo de ajuda? Você vai se surpreender ao ver como as pessoas são capazes de dar a volta por cima muito mais rápido do que você imagina.

5. Nunca, em hipótese alguma, se ofenda caso ouça algo de que não goste. A demissão é um momento tenso e, muitas vezes, triste. Tenha humanidade e compaixão com o outro, e nunca leve para o lado pessoal a reação de alguém que acabou de perder o emprego.

Seguindo esses conselhos, garanto que seus problemas diminuirão consideravelmente quando você precisar desligar um funcionário.

Lembre-se também de que tão importante quanto demitir um funcionário é aceitar a demissão voluntária dele. Já vi muito chefe aborrecido, considerando-se traído por conta de um pedido de desligamento. Talvez você passe mais tempo na sua empresa do que na sua casa, mas não encare a relação trabalhista como um casamento.

Um pedido de desligamento não é um término

de um relacionamento amoroso, cheio de mágoa e decepção. Caso seu funcionário peça demissão, pergunte o motivo, por uma questão de feedback. Se ele estiver saindo da sua empresa para assumir um cargo melhor em outro lugar, torça por ele e dê toda sua força. O Líder Humano, mais do que ninguém, quer o sucesso dos membros de seu time, dentro ou fora da empresa.

Quando eu demiti minha própria mãe

Sim: eu já tive que demitir uma das pessoas que mais amo no mundo: minha própria mãe. Nesse caso específico, foi muito difícil separar o lado pessoal do profissional, mas eu tive que conseguir.

Patrícia era a diretora financeira (CFO) da Capital Re quando vendemos nosso negócio para a JLT. Sua forma de trabalhar era muito satisfatória, e permaneceu sendo utilizada pelos funcionários na JLT.

A questão é que, quando a JLT comprou a Capital Re, saímos de uma empresa 100% familiar para uma corporação controlada por um grupo com ações listadas na bolsa de Londres (FTSE). Nenhum negócio listado em bolsa tem como CEO uma pessoa e como CFO a mãe dessa pessoa – mesmo que não haja problemas de competência aqui.

Era só esse o motivo. Mas, em vez de encarar a verdade, as pessoas à minha volta criaram desculpas e trouxeram à tona casos fortuitos, com a intenção de afastar minha mãe do cargo de CFO da companhia. Com a qualidade do trabalho dela posta em xeque, foi sugerida a transferência para uma área que não condizia com suas habilidades, o que certamente geraria descontentamento e sofrimento. A verdade é que não queriam que mãe e filho trabalhassem juntos – e estavam corretos nessa intenção. Qual era a dificuldade em assumir isso?

Quando vi que queriam transformar uma simples demissão em um caso complexo, eu resolvi, com amor, demitir minha mãe e dar a ela uma saída honrosa. A meu ver, foi muito bom para ela. Não posso dizer que minha mãe não tenha sofrido com sua saída da empresa, mas sei que ela pôde aproveitar seu tempo livre para cuidar de si mesma e, o mais importante, para curtir as netas, coisa que ela faz com o maior prazer do mundo.

Mas chega de ler minhas palavras – ela certamente também ter muito a dizer.

"Acho que tenho um carma na minha vida: fui mandada embora de três empregos!

Perdi meu primeiro emprego, na Companhia Atlantic de Petróleo, por conta da crise no setor. Antes de acabar meu aviso prévio, fui admitida na IBM, uma das maiores empresas do mundo. Depois de oito anos, pedi demissão para cuidar do meu filho. Passei 10 anos dedicada à família, me separei e voltei para a IBM como temporária. Um dos meus chefes, tesoureiro da Our Lady of Mercy School (OLM) - escola americana em Botafogo - me convidou para ir trabalhar lá.

Comecei como assistente administrativo e três anos depois já era business manager. Após doze anos de reconhecidos bons serviços prestados, fui demitida pelo telefone, pelo mesmo chefe que lá me colocou. O sofrimento foi enorme!

Ao completar 11 meses da minha saída da escola, o Rodrigo Protasio me convidou para ir trabalhar na Orypaba, onde o Nicolau trabalhava como estagiário. O começo foi difícil também, mas a virada começou quando o Nicolau me pediu uma planilha para ser enviada para Londres sobre um resseguro. Nunca tinha feito aquilo, mas me dispus a produzir a melhor planilha de todos os tempos! Qual não foi a surpresa de todos, quando a pessoa responsável por recebê-la, disse que nunca tinha visto uma planilha tão completa! Consegui assim a confiança e o respeito de todos, e a partir daí fui conquistando muitas vitórias.

Até que o Nicolau foi convidado para representar o HSBC Resseguros no Brasil, e montamos a Capital Re. Tirando o Nicolau, como presidente, e o Álvaro, como diretor comercial, todo o restante do serviço era meu: financeiro, administrativo e até o cafezinho! Começamos com o caixa zerado e tivemos um sucesso fulminante. Trabalhei muito, mas feliz e realizada. A assinatura da compra da Capital Re pela JLT foi um dos momentos memoráveis da minha vida. Tornei-me diretora financeira e administrativa da JLT Resseguros.

O crescimento da JLTRe foi exponencial, mas a

política falou mais alto e imagino que não queriam a mãe do presidente a tomar conta do dinheiro, o que é compreensível. Lá veio o meu carma de novo, e desta vez foi mais complicado, visto que o portador da má notícia foi meu próprio filho. A verdade é que, em cada uma dessas épocas, meu trabalho estava no auge, e com muito bom desempenho. O mesmo ocorreu na JLT. Não esperava uma demissão, o que piorou muito a situação. Tenho certeza de que o Nicolau não queria isso, mas não teve alternativa.

Na segunda-feira de manhã, quando o Nicolau mandou um e-mail aos funcionários comunicando a minha saída, fez-se um silêncio sepulcral no salão maior. Sei que deixei muitas saudades. Foram tempos sombrios, e tivemos que recorrer a um analista para não comprometermos nosso relacionamento de mãe e filho. Fiz terapia individual também, mas só o nascimento de minhas netas me ajudou a superar. Mas, que eu gostaria de estar trabalhando até hoje, isso eu gostaria."

(Patrícia Daudt, diretora financeira e administrativa da JLT Resseguros por X anos)

O líder tem em sua maior responsabilidade saber quem deve ficar e quem deve sair da empresa. Nunca delegue este trabalho, pois ele é seu.

Liberdade

O Líder Humano não tem apego aos funcionários - ele tem apego às pessoas.

Pense na seguinte situação: se o seu irmão trabalha em uma empresa há muitos anos e recebe uma proposta para ir para outra empresa, para ganhar o dobro e ter uma possibilidade de carreira ainda mais profícua do que a que tem hoje, qual seria seu conselho?

É óbvio que você falaria para ele ir correndo atrás dessa oportunidade.

Mas e se um funcionário seu chegasse com a mesma questão?

Se, nesse caso, a coisa muda de figura, pode parar com esse papo de que sua empresa é uma família. Se você dá uma dica para o seu irmão que é diferente da dica que você dá ao seu "irmão" na empresa, você não quer o bem da pessoa - você quer a posse da pessoa. **Deixe seu bom funcionário voar.** Ele nunca irá te esquecer, e lembre-se de que, ao fazer isso, você abre uma oportunidade a quem precisa (e que um dia também pode ser que queira voar).

...

"Em 2017, tive uma crise de pânico, e precisei ser socorrida por meus colegas de trabalho. Fiquei envergonhada quando, dias depois, soube que toda a empresa havia tomado conhecimento do acontecido. Alguns zombaram da minha situação, outros demonstraram preocupação genuína. Até que a Renata, diretora de RH, me ofereceu uma sessão com a Sandra, coach do Nicolau, CEO da empresa. A sessão foi uma conversa sobre minha essência, meus valores e meus objetivos, que mudou minha vida. Sandra foi categórica ao afirmar que meu lugar não era ali, e que eu precisava correr atrás do meu dom para ser feliz. A JLT pagou um coach para me empurrar para fora da empresa - tem como não amar?! Graças a um tal CEO que andava pelos corredores de bermuda, minha sonhada Lótus Health saiu do papel. Hoje, vivo de consultoria materno-infantil, bem longe do mundo corporativo."

(Débora Farias, enfermeira e gerente de benefícios na JLT)

Quando a Débora veio conversar comigo dizendo que queria sair, na hora eu vi que ela iria para uma oportunidade melhor. Ela iria trabalhar mais perto de casa, e teria mais tempo com sua filha. Só isso já bastava. Mas também iria ganhar mais, e ter mais responsabilidade e maior gestão em uma área. Eu não pensei duas vezes: falei para ir embora.

Não foi somente a Débora que eu incentivei a sair para ir para um lugar melhor. Tenho enorme orgulho de ver muita gente que já passou pela nossa empresa ocupando cargos maravilhosos em grandes corporações. No lugar delas, pudemos dar oportunidade a outras pessoas, que agarraram aquela oportunidade e tiveram a chance de brilhar.

Saber que seu time tem a capacidade de atuar em diversas empresas é o seu melhor marketing.

"Eu nunca havia trabalhado numa empresa onde a 'alta sociedade' falava com a 'classe operária'. Na companhia onde eu trabalhava antes de entrar na JLT, lembro que, para falar com o diretor, a gente tinha que acionar a secretária, e ela avaliava o assunto para decidir se poderia seguir ou não. Quando cheguei na JLT e o CEO sentou para 'bater um papo' comigo, eu fiquei muito assustada. Achei muito estranho, e por dentro só conseguia me perguntar se ele sabia com quem ele estava falando. Afinal, eu sempre achei que não tivesse tanta importância assim para conversar de igual para igual com a pessoa que está no topo da hierarquia de uma empresa.

O tempo passou, e eu percebi que eu tinha importância, sim. Cada funcionário na JLT era tratado como família, desde a tia da cozinha até o CFO. Eu era ouvida da mesma forma que qualquer outro funcionário. O ambiente leve e humanizado da JLT, sem dúvidas, é o maior legado de Nicolau Daudt. A forma como todos conviviam estava muito ligada ao modo como ele administrava a empresa. O exemplo vem de cima. Uma vez, ouvi de uma pessoa: 'O Nicolau não trata a gente assim, então eu não permito que você o faça.' Isso virou um mantra.

O trabalho era duro e estressante, e não posso negar que muitas vezes saí de lá chorando. Mas sempre quis voltar, porque, ali, todos estávamos juntos. A JLT era uma extensão da nossa casa. Quisera eu que todas as empresas investissem no ambiente de trabalho, e que fossem mais humanizadas. Se me perguntarem se eu sairia da JLT, eu responderia: jamais. A JLT me fez olhar para o mercado e ser mais exigente, colocando como pilares obrigatórios a cultura e o ambiente empresarial. Remuneração não é mais meu foco, graças à JLT. Aceito ganhar menos, mas nunca mais vou aceitar não ser tratada como um ser humano digno. A JLT me fez sentir um alguém no meio deste impassível mundo corporativo."

(Michele Aguiar, gerente de beneficios na JLT por 4 anos)

8

Como construir um legado

23 de agosto de 2018, Aeroporto de Bogotá.

Eu e dois colegas conversávamos enquanto esperávamos o voo ser anunciado. Comento que a JLT é hoje um alvo para ser adquirido. Em comparação com seus maiores concorrentes, nossa empresa não era tão grande, e isso nos tornava atrativos alvos de empresas maiores.

Falei que isso não seria ruim, e que na verdade traria uma série de benefícios para nossa equipe vencedora. Mal sabíamos, que em menos de um mês, de fato isso aconteceria...

Tive a notícia da compra da JLT pela Marsh no último dia das minhas férias. Ainda sem saber direito o que aquilo representava, pensei no nosso legado, no que tínhamos construído até aqui e qual era nossa representatividade em relação aos nossos clientes e parceiros.

Isso me tranquilizou, pois sei que nossa união e o amor pelo time e pela profissão não estavam à venda. **Somente nós somos os responsáveis por continuarmos a fazer aquilo que estamos fazendo com tanto sucesso.** Imaginei que a maior operação da história envolvendo a compra de uma corretora de seguros não acabaria destruindo valor, mas sim aproveitando o que temos de melhor e unindo forças para transformarmos ainda mais nossa trajetória de sucesso.

A JLT Brasil representou 20% do crescimento do JLT Group no mundo entre 2013 e 2018. Nenhum país cresceu tanto quanto o Brasil no grupo. Fruto do nosso trabalho, e da confiança que conquistamos dos nossos clientes e parceiros. Que orgulho! Escrevemos parte da história do seguro mundial com tinta de nossa caneta.

Fiquei muito feliz quando fui chamado a Londres para conhecer o Dan Glaser, CEO do Grupo MMC, a maior corretora e consultoria em riscos do mundo. Precisei de pouca preparação para esta reunião, pois, como me falou meu amigo Adriano Oka, **"leve apenas o que você tem no seu coração"** - e assim o fiz.

Primeiro, falei que iria respeitar muito o time da Marsh, e que minha intenção não era de competição, e sim de combinação. Disse, também, que iria exigir de nossos futuros colegas respeito à nossa energia realizadora e transformadora. Em seguida, contei ao Dan sobre nossa trajetória de sucesso, nossos valores e o que pretendíamos para o futuro. Dan terminou a conversa me falando: "Você terá um grande trabalho em nosso grupo". Que mensagem legal, de um cara super bacana como o Dan.

Garanto que eu não estava preocupado com o título que teria na nova companhia, mas sim **focado em continuar liderando aquele legado** que havíamos criado até ali, com o amor que tínhamos pela nossa equipe, a dedicação que dávamos aos nossos clientes e a parceria que oferecíamos aos nossos amigos seguradores e resseguradores.

O mais importante em uma situação como essa é sabermos que não somos perfeitos, e que também podemos aprender com uma nova empresa, e com novos colegas. **Temos de estar sempre abertos ao novo!**

Do lado de cá, nada mudou: continuamos com nossas expansões dos escritórios de Belo Horizonte e São Paulo, e com as contratações necessárias. A Marsh enfatizou que aquele não era um deal de sinergias, mas sim um deal de crescimento.

Mais tarde, vimos que realmente havia espaço para todos na nova companhia. Com o espírito revigorado, continuamos fazendo negócios como nunca, ganhamos a maioria das contas que pudemos e entregamos o melhor serviço que tínhamos.

Fomos muito amados e respeitados em nossa nova casa, e ganhamos a chance de provocar um forte impacto positivo no mercado. Esse sentimento de parceria refletiu em nossa interação com os clientes e o mercado em geral, e os resultados foram muito positivos.

Passamos a jogar no Maracanã com o estádio cheio - o sonho de todo corretor de seguros!

Ao final de todo o processo, vi que eu queria mudar de ares e fui atrás do meu sonho: fazer cinema e publicidade. Hoje, estudo vídeo, fotos, ilustrações e cores, e estou próximo a dar um passo em direção ao mundo do entretenimento.

"Deus foi muito generoso comigo quando colocou a JLT na estrada da minha vida. A empresa resgatou a felicidade de trabalhar que eu havia perdido, e contribuiu de forma positiva na minha evolução como profissional e como ser humano. Em um mercado segurador, onde a 'mesmice' impera, a JLT deixa um legado maravilhoso em todos os aspectos. Me sinto honrado de ter integrado esse time sob a liderança de Nicolau Daudt, onde o respeito e o reconhecimento sempre foram a base de convívio. O espírito e a paixão da JLT nunca irão morrer, pois estão dentro de cada um de nós. Para onde eu for, levarei e disseminarei os muitos ensinamentos que aprendi lá. Espero, assim, ajudar e resgatar outras pessoas, para que elas também encontrem a felicidade!"

Líder Humano

(David Silva, Diretor na JLT por 8 anos)

...

Na vida temos alguns encontros muito enriquecedores, mesmo que breves.

No período em que estive na Marsh Brasil, tive três encontros com o Sr. Alberto Dabus, um conselheiro da empresa (e futurista por hobbie). Alberto e eu sempre falávamos de legado. Ele havia vendido sua corretora para a Marsh dois anos antes, e eu tinha acabado de passar pela mesma experiência. Nossas conversas foram elucidativas para mim, e me ajudaram muito na fase transitória. (Daria para escrever outro livro apenas com os ensinamentos dele).

O Sr. Alberto costuma falar que legado você só deixa quando morre - quando já não há mais nada a contribuir para este mundo.

Recorri ao dicionário, e ele realmente estava certo:

"Legado: substantivo masculino

[Jurídico] O que uma pessoa deixa em testamento; último desejo de alguém, efetivado por meio da transferência de valores, de bens etc.; herança. Missão destinada a alguém por quem está prestes a morrer.

[Figurado] O que é passado às gerações que se seguem: o legado de meu avô."

Eu, no entanto, tenho uma outra interpretação de legado.

Tal como a minhoca morre para renascer borboleta, **nós podemos ter muitos finais e recomeços dentro de uma mesma vida**. Na minha visão, existem dois tipos de legado: o legado da pessoa física e outro da pessoa jurídica.

Meu legado como pessoa jurídica envolve diretamente a JLT, empresa onde trabalhei durante 20 anos. Por 12 desses anos, fui o presidente da JLT, mas a cultura e os valores não foram determinados e nem escritos por mim, e sim por todo o time.

Uma empresa é um órgão vivo. Pessoas entram e saem; estratégias mudam no meio do caminho; vivemos anos de glória e anos de decepções, tal como acontece nas vidas de cada um de nós. Mas falar que o legado de uma empresa é obra de um indivíduo é completamente egoísta, e só ajuda a construir vaidades e apegos que não são reais.

Da mesma forma que um pai cria um filho para a vida, para que um dia ele se case e também tenha filhos, o executivo de uma empresa faz o mesmo. Quando era gerente financeira da Our Lady of Mercy School, minha mãe costumava dizer: *"O bom gerente não precisa estar presente."* Acho que simbolizo isso no meu legado como pessoa jurídica.

A JLT não morreu: ela se transformou na Marsh, a maior empresa do mundo de corretagem de seguros. A Marsh ganhou na sua família todo esse legado que eu e todos na JLT construímos. Ambas se beneficiam das experiências de ambas, e algo muito maior é construído. Mas, para que isso acontecesse, felizmente não era necessária a minha presença, porque, afinal, parte do meu legado está lá. Como também lá está o legado de Sergio Clark e da SCK, empresa comprada pela JLT em 2014; o legado do Sr. Alberto Dabus, da AD Corretora, que se uniu à Marsh em 2017, e tantos outros legados.

Em julho de 2019, fui convidado para uma reunião com uma empresa parceira da Marsh, e nessa reunião estava uma ex-sócia diretora da JLT, Carolina Varaldo. O objetivo da reunião era aumentarmos os negócios entre a Marsh e a Asas Seguros. A Carolina, depois de dois anos fora da JLT, tinha se tornado diretora da Asas.

No final da reunião, falamos sobre como tinha sido boa a fase dela na JLT, e ela começou a chorar, dizendo como tinha sido feliz na nossa empresa. Isso, para mim, é a maior prova do legado. **Tão importante quanto o legado daqueles que ainda estão numa empresa é o legado daqueles que ajudaram a colocar seus tijolos**. Mesmo uma pessoa que passou um só dia na empresa carrega consigo sua energia e, de certa forma, transforma o ambiente, ajudando, mesmo que de forma breve, a deixar um legado.

Já o legado como pessoa física se aproxima das ideias do Sr. Alberto: só podemos deixá-lo quando nos vamos.

Acredito que nossos filhos sejam nosso legado, e por isso é tão importante nos dedicarmos a criá-los, e nunca terceirizar sua criação e educação. Mas quem não tem filhos também pode deixar seu legado a um sobrinho, um amigo, um parente distante. **O importante é não deixar morrer tudo o que você aprendeu neste mundo**. Toda pessoa tem algo a ensinar, mesmo que seja sobre o que não fazer com sua vida.

Cultura

"Quando trabalhamos em uma organização cuja cultura está alinhada com nossos valores pessoais, nos sentimos libertados". Essa poderosa frase é de autoria de Richard Barrett, especialista em cultura e valores, escritor e pensador.

O quanto somos livres no nosso ambiente de trabalho? Quais são os valores que permeiam nossa cultura? Quais valores queremos para a cultura da empresa, e quais valores temos nós próprios?

Um estudo do "business guru" Jim Collins mostra que uma empresa com culturas mais fortes e mais humanistas apresentam resultados até 10 vezes superiores aos das demais empresas. Fora que o índice de satisfação e a liberdade no ambiente de trabalho são muito maiores do que naquelas empresas que não dão o devido valor ao tema.

Eu nunca tinha dado muita bola para a questão da cultura de uma empresa, até o dia em que conheci dois profissionais incríveis: o Fernando Góes e o Guilherme Marback. Essa dupla fez um trabalho com a liderança da empresa que ajudou a moldar de forma muito precisa o futuro de sucesso da JLT e alinhar a expectativa e a confiança entre os líderes da empresa.

Um ensinamento desse trabalho ficou muito forte para mim: "Todos os times de alta performance têm uma característica: a confiança entre os membros." (Talvez por isso vemos tantas confusões na política: falta confiança entre seus membros).

Tínhamos uma diretora de marketing que moldou o "look" da JLT: a Renata Banzato.

Depois de uma experiência na Sulamérica Seguros, a Renata se juntou ao time JLT e fez um trabalho memorável com nosso marketing e nossa cultura. Fizemos a pesquisa de cultura desenvolvida por Richard Barrett e vimos que tínhamos um nível de entropia dos mais baixos já vistos pela consultoria que contratamos, sinal de que tínhamos uma equipe muito alinhada e com valores semelhantes.

Você sabe o que é entropia cultural? Esse é um dos indicadores do assessment de cultura, que diagnostica a cultura de uma organização a partir de uma metodologia internacionalmente reconhecida. A entropia cultural mede a quantidade de energia consumida em trabalho improdutivo. Quanto mais baixo esse nível, mais saudável é a cultura da empresa.

Em 2018, fizemos o teste na JLT e chegamos a um nível de entropia cultural de 5%. A consultoria Ockam já havia feito mais de 20 pesquisas culturais como essa e nunca tinha visto um nível tão baixo de entropia.

O que isso significa? Que estávamos todos no mesmo barco.

Dos mais de 3.000 votos, apenas dez consideraram o valor hierarquia, mostrando que hierarquia não era (e nem deveria ser!) um valor relevante para nossa empresa. Afinal, lutamos para ter um ambiente leve e horizontalizado todos os dias.

Por outro lado, o único valor que apareceu entre as dez mais em todos os três tipos de culturas - pessoal, atual e desejada - foi comprometimento. Ou seja: éramos uma empresa em que o comprometimento do time era muito forte, onde buscamos sempre nos superar!

Também me chamou a atenção o valor trabalho em equipe, que apareceu entre as mais votadas culturas desejadas, e foi a terceira mais votada da cultura atual. Para mim, isso foi resultado direto da integração que tínhamos em nossa empresa.

Para baixar o nível de entropia cultural, devemos, de forma coletiva, reconhecer nossos defeitos e saber aonde queremos chegar. Cada um de nós deve fazer a busca pelo conhecimento todos os dias.

Essa pesquisa foi tão poderosa que a levei para o Grupo JLT global e fui ovacionado quando a apresentei aos executivos mundiais na Inglaterra em 2017. Inclusive fui chamado para participar de um seminário com o próprio Barrett em São Paulo, onde aprofundamos o tema ainda mais.

Minha confiança de trabalho e amizade com a Renata cresceu muito. Eu, que nunca tinha "acertado" numa estrutura de RH, percebi: se o marketing é o "look", o RH é a alma.

Desde a época da faculdade, tive dificuldade com os processos de RH. Era sempre rejeitado pelos profissionais nas dinâmicas de grupo. Em uma delas, me pediram para eu vender um balde furado, e eu me neguei. Me recuso a vender algo que em que não acredito, e não posso compactuar com uma mentira para parecer bonito numa entrevista. Eu queria um RH voltado para as pessoas, um RH que falasse a mesma língua dos funcionários e estivesse no mesmo patamar dos demais departamentos da empresa.

A Renata aceitou o desafio, e passou a cuidar do corpo e da alma da JLT (contra a vontade de muitos, que não queriam acumular o RH junto com o Marketing). A experiência foi um sucesso: conseguimos mudar a cara do RH da empresa, que se tornou mais humano, voltado para o bem-estar das pessoas.

A seguir, fique com as palavras da Renata, que fala um pouco de legado e de cultura.

Como construir um legado forte?

1.Foco nas pessoas, no time e seu bem estar!

2.Confiança nos funcionários

3.Abertura a inovações e a sugestões dos colaboradores

4.Porta aberta para receber e ouvir a todos

5.Humildade

6.Equilíbrio entre a razão e emoção

7.Falar com o coração!

Nicolau sempre viveu esses sete comportamentos em seu dia a dia. Nunca foi forçado! Sempre agiu assim com naturalidade. Cumpria o que estava sendo dito em reuniões, palestras, conversas de corredor. Sempre teve **tempo para ouvir as pessoas**, e sempre fez de tudo para tornar possível o que era possível! Nunca vou me esquecer de quando promoveu a copeira, que era terceirizada, em funcionária, em plena festa de final de ano, porque entendia a importância dela na empresa e seu nível de engajamento com todos.

Mas Nicolau também sabia falar não. O importante era a transparência nas conversas e nas reuniões. Sempre deu voz para que seus líderes falassem à vontade, porque qualquer ideia é válida e os incômodos também precisam ser ditos.

Nicolau estava sempre presente. Essa é a grande característica de um líder humano, e a condição única para se criar um legado forte! A presença na escuta, na presença física, na forma de cumprimentar um colaborador, nos almoços entre equipes, no carinho pelo próximo, no presente das aulas de yoga, no compartilhamento de uma coach para quem realmente precisava.

Nosso Líder Humano insistia em dizer que era preciso olhar para as pessoas como pessoas. Com isso, foi-se moldando o comportamento da liderança, e as pessoas perceberam que era necessário olharmos para o time como seres humanos, e não como máquinas.

Líder Humano

Na Brazil Conference de 2016, discutimos nossos valores e nossa cultura organizacional. Realizamos uma pesquisa online baseada na metodologia de Barrett, que permitiu mapear a visão dos valores vividos na organização e os comportamentos desejáveis para fortalecer o engajamento dos colaboradores. Nosso principal objetivo era traçar nossos valores para que nossa liderança e colaboradores estivessem alinhados e comprometidos com a visão, missão e planejamento estratégico da empresa.

Juntos, escolhemos nossos 6 valores:

1.   Busca pelo conhecimento

2.   Inovação

3.   Superação

4.   Ambiente Leve

5.   Trabalho em Equipe

6.   Ética

Além do baixíssimo nível de entropia, também identificamos com essa pesquisa que que nosso nível de engajamento era de 88%. Mapeamos os comportamentos necessários que representam nossos valores, que passaram a ser citados na comunicação da liderança e em nossa comunicação corporativa. Devemos usar todos os recursos que temos para cascatear os valores para a empresa: esses valores devem estar visíveis nas paredes, portas, halls, banners, TVs.

Como tornar mais saudável a cultura da empresa e baixar o nível de entropia cultural? Quais são os valores mais importantes na cultura de uma empresa? Liderar por meio do exemplo! Os valores não podem estar somente nas paredes da empresa. Eles precisam ser demonstrados nos comportamentos da liderança, serem lembrados e exercitados. A referência das pessoas dentro da empresa é o seu líder. Dele é esperado exemplo, aprendizado e orientação. **A missão dos líderes é garantir que as diferentes formas de trabalho não se afastem muito dos valores centrais.**

Cultura é a força invisível por trás dos bens tangíveis e visíveis de uma organização. Trata-se de uma energia social que põe as pessoas em ação. A cultura é demonstrada pela linguagem, pela rotina e por rituais da empresa. Uma pessoa tem de sentir a energia social que flui dos compromissos compartilhados entre os membros de um grupo, e isso pode ser feito por meio de treinamentos lúdicos e jogos. Barrett diz que cada vez mais os líderes estão reconhecendo que as culturas de suas organizações são a fonte principal de sua vantagem competitiva. As grandes empresas do mundo estão dedicando mais tempo e recursos para mensurar e gerenciar seus valores, ouvindo o feedback dos funcionários.

(capítulo escrito com a colaboração de Renata Banzato)

9
Competição como aliada

Seu competidor é seu aliado, e não seu inimigo. Ele é o melhor termômetro das suas competências, e também da situação do mercado em que você atua.

Durante anos, os canais de televisão brigaram duramente para tentar destruir um ao outro, até serem atacados por outra área do mercado: os serviços de streaming, como Netflix, Amazon Prime, Hulu, Disney+ e tantos outros. O mesmo aconteceu com os taxistas, que competiam entre si pelos pontos mais bem localizados e cobravam preços altíssimos por vagas em locais concorridos, como aeroportos e shopping centers, e aí chegou o Uber e matou toda a concorrência.

Pense o quão chato seria o torneio de futebol do seu país caso o único time bom fosse o seu, e todos os outros times fossem muito ruins, com jogadores fora de forma e estádios quebrados e feios. Provavelmente você até pararia de acompanhar esse esporte, e deixaria de torcer de forma fanática por esse time.

Em dezembro de 2019, aconteceu um fenômeno incrível aqui no País do Futebol. Depois de organizar as finanças e contratar um time melhor, o Flamengo foi para uma final de Libertadores da América, depois de 38 anos sem conseguir tal feito. Por se tratar do time de maior torcida no Brasil, com 50 milhões de fanáticos, essa final gerou uma catarse no país inteiro. Torcedores passaram a vestir as cores rubro-negras quase que diariamente, e os papos nas mesas de bar certamente tinham o Flamengo como tema - tanto para aqueles que torciam para o time como para os que não torciam.

Uma das matérias nos jornais esportivos de maior destaque naquele mês me chamou a atenção: "Vasco bate 139 mil sócios torcedores e passa Flamengo". O que isso quer dizer? O sucesso do Flamengo forçou um crescimento no seu maior rival, o Vasco, porque, a partir daquele momento, para competir com o rubro-negro, a equipe vascaína não poderia mais ser um time desorganizado. **Esse é o típico exemplo de que uma competição de alto nível pode gerar ganhos de todos os lados**. O famoso "win-win". (Caso você não saiba o final da história, o Flamengo foi campeão sul-americano em um jogo histórico na cidade de Lima).

Manter uma relação saudável com seu concorrente é muito importante para o bom funcionamento do seu mercado, porque geralmente **não é seu concorrente que te mata**, e quanto melhor e mais aberta for essa concorrência, mais difícil vai ser para o mercado ser "disrupted". Se realmente existir livre e abundante concorrência seu mercado vai ter as melhores práticas, as melhores tecnologias e os melhores profissionais.

Quanto mais você proteger um mercado, aumentará o risco de ele ser "disrupted" e substituído por outro tipo de tecnologia (ou até ser completamente extinto da face da Terra!). Infelizmente algumas indústrias impõem restrições a novos entrantes, e isso é muito prejudicial: apesar de ficar mais fácil sobreviver, a queda é muito maior. Me lembro que dez anos atrás, uma vaga para táxi no aeroporto de Congonhas, em São Paulo, um dos mais movimentados do Brasil e talvez do mundo, custava algo em torno de R$ 150 por carro. Hoje, com as inúmeras opções que surgiram no mercado, esse custo deve ser zero.

O mercado bancário no Brasil também é altamente protegido. Temos apenas cinco bancos protagonistas - três privados e dois públicos -, e estamos vendo alguns fenômenos quebrarem essa dominância, como a XP Investimentos e o Nubank. Em dez anos eu garanto que será um mercado diferente: essa proteção certamente vai cair, junto o custo de crédito no Brasil.

Outro ponto importante: **concorrentes compram concorrentes, e viram colegas.** No meu caso por exemplo, sempre concorri com a maior do mundo, o grupo Marsh & McLennan, e tivemos um relacionamento pautado pelo respeito. Nunca falamos mal um do outro, e sabíamos admirar o que cada um tinha de bom. Até que um dia de primavera, em setembro de 2018, fomos informados de que nossas empresas haviam se juntado. Apesar da insegurança inicial que uma fusão gera, sabíamos que o respeito vinha em primeiro lugar, e o "fantasma" ficou menos assustador. A fusão foi um sucesso, graças a esse respeito. Muitos funcionários que estavam em cada empresa já tinham passado pela outra, e já sabiam como era trabalhar aqui e ali.

Os clientes também precisam de concorrência. Com a concorrência, você não tem escolha: tem que dar o melhor de si, ficar por dentro das melhores práticas e dos melhores produtos que existem no mundo para aquele setor. Com isso, **sua empresa permanece constantemente atualizada**. Talvez se o seu cliente passar a não ter mais concorrência, ele vá buscar uma alternativa ao seu produto, em vez de continuar com você e seus "peers".

No meu mercado de corretagem de seguros, sempre falei que os concorrentes são as seguradoras, e não os outros corretores.

Enquanto o cliente deseja contratar o seguro por meio de um corretor e não diretamente com uma seguradora, o mercado está salvo. Se as seguradoras porventura decidirem vender direto seus seguros, isso pode ser uma ameaça muito maior do que uma concorrência interna entre os corretores.

Uma das propagandas mais legais nesse sentido foi da Mercedes Benz, dando os parabéns à BMW pelos seus 100 anos, e dizendo que os 30 anos a esse centenário, em que a Mercedes existiu sem a BMW, tinham sido entediantes. Não à toa, os melhores carros do mundo são alemães: como lá a concorrência é grande, se você não fizer o melhor carro e não melhorar a todo ano, você está fora do mercado.

A pior concorrência que existe não é a concorrência externa, e sim a **concorrência interna**. É preciso tomar muito cuidado com isso. As empresas e os sistemas legislativos, ao longo dos anos, criaram certas regras, e aprenderam que é preciso respeitar a concorrência entre empresas. Como falei, é uma concorrência saudável para um negócio. Mas ainda se sofre muito com a concorrência interna, que na maioria das vezes é desleal.

Esse tipo de concorrência é a que mais afeta o Líder Humano, pois transforma ambientes de trabalho em verdadeiros aquários de tubarões. Seguindo o conceito de uma liderança humanizada, uma pessoa que está em uma empresa e exerce um trabalho que contribui para a empresa crescer e se desenvolver deveria participar dos maiores lucros que essa empresa gera, e também liderar novas áreas que vão sendo criadas com o crescimento da organização. Mas o que vemos em alguns casos são empresas que premiam o mau comportamento na escalada por cargos. Não confunda isso com as competições saudáveis entre times, em busca de melhorias de produtos e tecnologias - essas sim são competições profícuas e colaborativas. **Mas a concorrência interna empobrece as empresas**. Há espaço para todos em uma companhia e, com uma liderança humanizada, ninguém deve se preocupar em derrubar o outro. Lembre-se sempre: você é o único responsável pela sua carreira.

Sempre procurei manter uma relação próxima dos concorrentes. Nunca fiquei chateado quando algum concorrente tirou algum funcionário de nossa empresa, pois isso é parte do jogo. Ganhos e perdas deve ser respeitados e jamais levados para o lado pessoal.

Dicas para o Líder Humano encarar a concorrência:

1. Esteja próximo dos seus concorrentes. Saiba que se os seus concorrentes sumirem do mapa, o mercado vai ficar mais difícil para você, pois seus clientes irão procurar outras alternativas em outros mercados. Entenda o modelo de negócio deles, e admire o que eles fazem de bom. Respeite-os, e exija respeito.

2. Saiba perder, e saiba por que você perdeu. Tente melhorar, e ajuste sua operação para não perder mais. Também seja "helpful" na passagem de um negócio perdido. Não tente dificultar a vida do seu concorrente sendo desnecessariamente duro. Use essa energia para melhorar sua operação.

3. Olhe para o seu mercado e **veja quem são os seus reais concorrentes.** Você vai ver que as ameaças estão muito mais fora do que entre os "peers".

4. Cuidado com a competição interna, porque na maioria dos casos ela é destruidora de valor. Se você está numa empresa que valoriza isso, olhe para fora.

5. Lembre-se: **Um inimigo vale por um milhão de amigos.**

10
Propósito e valores

Líder Humano

Quem somos? Por que somos? Como somos?

O que responde essas perguntas é o propósito de uma empresa. O propósito é o porquê de uma empresa estar no mercado e a força que a move. O propósito diz o que o mundo perderia se a sua marca deixasse de existir.

Gosto de descobrir o propósito de grandes empresas, admiro muitos casos. Um de meus preferidos é o da Disney: "Criar um mundo onde todos possam se sentir criança".

No caso da JLT, o propósito foi construído por todo o time, por meio de um fórum. Assim, chegamos no conceito #OneJLT. Quando falamos em JLT, não há cargos, empresas, fronteiras. Nada disso importa, porque somos apenas UMA companhia, e temos todos a mesma importância.

Também sempre valorizamos o espírito jovem. Isso não significa que precisamos ter idade reduzida para ter sucesso profissional, e sim ter atitudes jovens. Um estagiário recém-chegado precisa saber que não deve se dirigir a ninguém como "Senhor" ou "Doutor". Há formas muito mais efetivas de mostrar respeito ao próximo. Não é preciso usar um terno em reuniões, porque o que o cliente quer é bom atendimento e soluções para os problemas, e isso não tem nada a ver com a roupa que você está usando.

Ter paixão pela entrega é sinal de prazer pelo que se faz. Coloque capricho e carinho no seu trabalho. Leve como exemplo aquele saco de padaria onde se escreve "Feito com amor", e na macarronada da vovó, que chega impecável na mesa. Faça bem feito, e celebre as conquistas junto ao time. Ame sua empresa e as pessoas que trabalham com você. Mostre a seu cliente que ele é seu parceiro nessa empreitada.

Procure sempre as soluções mais modernas e inovadoras, e não meça esforços para achar aquilo que o cliente necessita. Busque tecnologias que os concorrentes não têm para atender seus clientes. Promova um ambiente de trabalho diferenciado e invista em um escritório moderno e confortável. Coloque o cliente em primeiro lugar. Ajude-o a passar por dificuldades e seja criativo para oferecer produtos que atendam à sua demanda.

Enxergue a crise como uma oportunidade. Um resultado negativo não significa o fim de uma empresa, e sim um momento bem desafiador de sua trajetória.

Aceite a todos, independentemente de cor, credo, raça ou religião. Ouça cada um do seu time e entenda seus pontos de vista. Promova a união. Contribua para construir um mundo cada vez melhor, com menos desigualdades. Valorize a diversidade, em suas diversas formas: na religião, na condição física e psicológica, na forma de amor, na cor, no gênero e até no futebol. Seja mais tolerante com relação às liberdades individuais. Não tenha vergonha de externar seu jeito de ser, de agir, suas crenças, sua torcida para aquele time da Série C.

Na empresa de um Líder Humano, todos estão imbuídos do mesmo propósito e dos mesmos valores. Essa receita é infalível.

...

"Lembro claramente dos meus primeiros dias na JLT, em meados de julho de 2012. Tinha aceitado a oferta de ser responsável pela nova área a ser formada de consultoria de riscos, sem sequer fazer nenhuma "due diligence" sobre a empresa ou sobre os seus diretores. Logo eu que trabalho com riscos tinha assumido um risco grande! Hoje em dia tenho certeza de que era a minha intuição me guiando.

Logo nos primeiros dias, fui apresentado ao CEO da empresa de seguros e posteriormente ao CEO da holding. Foi quando veio o primeiro choque. Ambos tinham a minha idade - por volta de 30 e poucos anos, na época. Até então eu tinha trabalhado somente em empresas onde os altos executivos eram pessoas mais velhas. Fiquei preocupado.

Foi quando meu chefe me pediu para fazer um "business plan" da área. Durante a criação do business plan, descobri algumas recentes mudanças que haviam ocorrido na empresa. Entre elas, a estruturação de uma área comercial e de relacionamento com um time de profissionais de alto nível, e a estruturação de uma área técnica capaz de absorver demandas de alta complexidade. Além disso, percebi que toda a operação da empresa e todas as oportunidades de negócio eram conduzidas com muita vontade, compromisso, dedicação, companheirismo e trabalho em equipe.

Notei que estava fazendo parte de uma empresa totalmente colaborativa. Todos sabiam claramente a sua função, mas se fosse preciso ir além para ajudar um colega, todos iriam. No final de uma das apresentações que Nicolau Daudt fazia trimestralmente sobre o andamento dos negócios, ele agradeceu e disse: "Amo todos vocês". Até hoje eu reflito sobre a força e o impacto de uma frase simples como essa."

(Flávio Ruiz, Diretor de Riscos na JLT por 7 anos)

Humildade de espírito

Na época da colonização da América do Norte, os nativos consideravam a propriedade da terra um conceito incompreensível. Assim, perderam suas terras, quando os europeus os fizeram assinar folhas de papel que eram igualmente incompreensíveis para sua cultura. Para os indígenas, eram eles que pertenciam à terra, e não o contrário.

"Possuir" alguma coisa - o que isso realmente quer dizer? O que significa tornar alguma coisa "minha"? Se alguém parar no centro de uma grande cidade, apontar para um arranha-céu e dizer: "aquele prédio é meu, sou o dono dele", ou essa pessoa é muito rica, ou está se iludindo, ou é uma mentirosa. Em qualquer um desses casos, ela está contando uma história em que a forma de pensamento "eu" e a forma de pensamento "prédio" se fundem numa coisa só. É assim que o conceito mental de propriedade funciona.

Ainda que a afirmação seja aceita, trata-se, no fim das contas, de uma ficção. Muitos indivíduos não compreendem isso até estarem no leito de morte e constatarem que nada que é exterior e material jamais correspondeu a quem eles são. Com a proximidade da morte, todo o conceito de propriedade acaba se revelando sem o menor sentido.

Nos seus últimos momentos de vida, as pessoas também entendem que, embora tenham estado em busca de uma percepção mais completa do eu ao longo de toda a sua existência, o que elas estavam de fato procurando, seu Ser, na verdade sempre havia estado ali, mas fora obscurecido de modo significativo por sua identificação com as coisas.

"Bem aventurados os humildes de espírito porque deles é o Reino dos Céus", disse Jesus. O que significa "humildes de espírito"? Nenhuma bagagem interior, nenhuma identificação, nenhuma relação com coisas e com conceitos mentais que possuam uma percepção do eu. E o que é o "Reino dos Céus"? A simples, porém profunda, alegria do Ser, que está presente quando abandonamos as identificações e nos tornamos "humildes de espírito". É por isso que renunciar a todos os bens é uma prática espiritual antiga tanto no Oriente como no Ocidente.

Nós, que vivemos numa cultura que, em grande medida, equipara seu valor a posses materiais, temos de ser capazes de detectar essa ilusão coletiva, para não sermos condenados a correr atrás de coisas pelo resto da vida, na vã esperança de encontrar seu valor e satisfazer sua percepção do eu.

Você quer saber como se livrar do apego às

coisas? Nem tente fazer isso. É impossível. Esse vínculo desaparece por si mesmo quando paramos de tentar nos encontrar nas coisas. Nesse meio tempo, simplesmente tenha consciência de que você está ligado a elas.

Às vezes, você pode não saber que está vinculado a alguma coisa ou identificado com ela, até perdê-la ou sentir a ameaça da perda. Depois disso, se você ficar aborrecido ou ansioso, é porque o apego existe. Caso esteja consciente de que está identificado com algo, a identificação não é mais total. "Eu sou a consciência que está consciente de que existe vínculo." Esse é o começo da transformação da consciência.

Saúde mental

Precisamos varrer a sujeira que está debaixo do tapete das corporações e parar de fingir que está tudo bem.

Dados do Ministério da Saúde apontam os transtornos mentais como a terceira principal causa de afastamentos do trabalho no Brasil. Reações graves ao estresse, transtornos de adaptação, episódios depressivos e outras formas de ansiedade causaram 79% dos afastamentos no período de 2012 a 2016.

Segundo a Organização Internacional do Trabalho (OIT), na Europa, o estresse ocupa a segunda posição entre os problemas de saúde relacionados ao trabalho, com cerca de 40 milhões de pessoas afetadas. Ainda de acordo com essa organização, entre 50 e 60% de todos os dias de trabalho perdidos no continente estariam ligados a esta condição.

Não estou dizendo que as empresas adoecem as pessoas. Mas é no trabalho que passamos grande parte do nosso tempo, e por isso é essencial que esse local seja agradável e saudável. O adoecimento por estresse relacionado ao trabalho pode ter causas muito diversas: pressão excessiva, desequilíbrio na vida pessoal, assédio moral, jornadas exaustivas.

Não é à toa que a Síndrome de Burnout - distúrbio depressivo intimamente ligado à vida profissional - foi reconhecida pela Organização Mundial de Saúde (OMS) em 2019, e incluída na nova Classificação Internacional de Doenças (CID-11), que entra em vigor em 1º de janeiro de 2022.

(Com colaboração de Débora Farias, enfermeira e gerente de benefícios na JLT)

...

Muitas empresas se pautam pelo seu desempenho no mercado financeiro. Nesse mundo, quanto mais você tem, mais você vale.

Não me interessa se Fulano tem um bilhão de dólares. Ele ajuda a comunidade, dá bom-dia ao porteiro, leva o filho na escola? Quantas famílias de pessoas ricas se perdem no mundo material, e esquecem de levar uma vida familiar, espiritualizada e humana.

Tive uma experiência muito rica na Índia. Nosso amigo Puneet Satyawadi, CEO da JLT Índia, nos levou para conhecer a casa dos funcionários da empresa em Mumbai. Sou fascinado pelo povo indiano, um povo pouquíssimo ligado a bens materiais, e muito espiritualizado. As famílias moram juntas na casa, e é um ambiente, apesar de pouca riqueza material, com muita riqueza espiritual e muito amor entre os familiares, que desfrutam todos do mesmo ambiente.

O povo ocidental está cada vez mais solitário, sem cuidar dos mais velhos e sem honrar os ancestrais. A materialidade ainda tem muito valor no mundo, e a tecnologia veio para melhorar o custo material. Você não precisa mais ter carro, não precisa mais ter imoveis. Os "ride hailing apps" reduzem muito o desperdício dos carros parados nas garagens, e trazem menos necessidade de dinheiro para se fazer e se ter o que quer.

A revolução que estamos vivendo não é somente tecnologia, é a **revolução do fim do desperdício no mundo** e de um custo de vida menor para as pessoas. Vem aí ainda pela frente a revolução da energia solar, dos carros autônomos, dos combustíveis orgânicos, dos alimentos saudáveis que irão diminuir o custo com remédios, do transporte fácil (bicicletas e patinetes), e isso tudo vai reduzir a necessidade de se juntar dinheiro e de se ligar ao material.

O acúmulo não é um traço humano. Humano é ter mais tempo para aproveitar as coisas boas que a vida dá. Ajudem uns aos outros. Ninguém é melhor que ninguém.

11
Errar é
humano

Este é um livro com ensinamentos e histórias de como ser um Líder Humano.

Mas, como bons humanos, nós, líderes, também erramos. Demonstre humildade em relação aos bons resultados de sua empresa. Saiba que são frutos do trabalho duro de cada um do time. Mas saiba também que você não vai sempre acertar, e sempre esteja preparado para errar.

Cometa mais erros! É isso mesmo o que você leu. Permita que seu time se aventure mais, seja mais criativo, arrisque sempre que puder. Líderes que permitem que sua equipe erre obtêm mais sucesso do que aqueles que querem controlar tudo o que o liderado faz.

Erros são importantes para que possamos sair da zona de conforto em direção à zona de crescimento, onde descobertas são feitas e onde cada um de nós aprende com elas.

Grandes líderes são aqueles que permitem que seu time cometa erros, mas bons funcionários são aqueles que:

1.   **Aprendem com os erros**. A pessoa reconhece que fez um erro honesto, não fica na defensiva e olha objetivamente para o seu erro, analisando o que deu errado e como suas ações e escolhas contribuíram para isso. Erros desonestos não são aceitos.

2.   **Reconhecem os erros**. Se o erro for seu, não existe problema em assumi-lo. Essa é uma das partes mais importantes do "gerenciamento de erros". Não invente desculpas. Em vez disso, busque lições de aprendizado.

3.   **Corrigem os erros.** Faça tudo o que for possível para corrigir. Estabeleça um cronograma de ações sobre o que fazer para atenuar esse erro e comunique todas as partes, incluindo seus superiores e seu time.

4.   **Criam processos para que os erros nunca mais sejam repetidos**. Além de você colocar novos processos e estabelecer políticas para que o erro não seja repetido, divulgue para o seu time e para outros times o que aconteceu e qual foi a solução encontrada, para que eles também evitem cometer esse erro.

Cometer um erro nunca é um problema. Os

problemas acontecem dependendo da forma como você lida com o erro. Os 6 As para você lidar com o erro:

1. **Admita o erro**

2. **Apologize (Peça desculpas)**

3. **Acknowledge (Reconheça o erro)**

4. **Adapte a situação**

5. **Assegure-se da solução**

6. **Abstenha-se do erro**

Um "case" interessante é o da Korean Air, linha aérea da Coreia do Sul. Os pilotos e copilotos tinham medo de ser penalizados por pequenos erros cometidos durante o pouso e a decolagem e, por isso, preferiam não informar a companhia sobre seus erros. Depois de acontecerem alguns acidentes, os administradores repararam que era ali que estava o problema. Então, foi criada uma política clara de reporte de erros, em que a pessoa que reportasse um erro seria bem vista e ajudaria a companhia a adotar novos procedimentos que minimizassem aquela falha.

...

Sei que cometi muitos erros, e que devo ter sido injusto com algumas pessoas. Mas sempre tentei consertar meus erros, e nunca virei as costas para alguém que tivesse alguma crítica ou sugestão em relação a mim.

Evolução espiritual é acordar de manhã e pensar: "O que eu posso fazer para ser melhor hoje do que eu fui ontem?".

Escrevi este livro depois que decidi abandonar o cargo de Deputy CEO na maior corretora do mundo. Abri mão de trabalhar em um excelente lugar com pessoas maravilhosas, para pensar mais na vida, cuidar da minha família e experimentar uma nova fase profissional.

Hoje, somos muito referenciados não pelo que somos, mas sim pelo cargo que ocupamos. Nos últimos doze anos, fui conhecido como CEO da JLT, e no momento em que escrevo estas palavras, estou prestes a dar o primeiro passo para a realização de um sonho: cursar cinema.

Eu sempre quis estudar publicidade ou cinema, mas resolvi deixar os sonhos da juventude de lado para seguir uma carreira. Não me arrependo: foi uma grande experiência de vida, e o mais importante: me deu condições para que, ainda jovem, eu pudesse finalmente investir naquilo que me dá prazer. Em janeiro de 2020, ingressei em um curso de Direção de Arte em uma escola de publicidade em Miami, e nunca me senti mais realizado.

Depois de ter sido CEO por tantos anos, voltar ao banco de uma escola como aluno, com pouquíssima noção do tema a ser estudado, a não ser por alguns vídeos caseiros que eu costumo produzir, é realmente assustador. Mas, ao mesmo tempo, é muito gratificante poder reviver a escolha de uma nova profissão e desenvolver um novo skill.

Pode ser que eu volte ao mundo dos seguros - quem sabe? Eu não tenho um dogma, mas pretendo me divertir com essa nova experiência, que pode inclusive me levar novamente ao cargo de CEO, em outro negócio.

Com esse novo curso, tenho exercitado uma capacidade extremamente importante nos dias de hoje, e fundamental na nova economia - a gig economy -, que é a capacidade de se reinventar. É preciso ter coragem para sair da posição de comando na presidência de uma empresa para assumir uma situação de comandado como aluno de uma escola. Isso só é possível se você conseguir controlar todo o ego que construiu ao longo da carreira executiva.

12
Controle o seu ego

Platão dizia que os mais virtuosos são aqueles que se contentam em ser virtuosos sem a necessidade de parecer virtuoso. **Uma das maiores doenças do mundo corporativo é o ego.**

Mas é muito difícil fugir do ego nos dias de hoje, num ambiente em que cada pessoa tem um cargo escrito num cartão, e onde esses cargos tornam-se cada vez mais rebuscados. É incrível como nossas mentes se tornam, rapidamente, reféns do ego. Portanto, minha primeira dica é: olhe para o seu ego.

Não adianta você tentar se convencer de que você não tem um ego, que você é totalmente humilde e não tem desejos e ambições. O ego faz parte de cada um de nós, e **o controle saudável dele é excelente para nossa auto estima e nosso bem-estar.**

Mas quando deixamos o ego tomar conta do

nosso ser, entramos numa zona perigosa. Por isso, **entenda como seu ego funciona**, quais são seus pontos fracos e seus pontos fortes, e como ele está relacionado aos seus desejos.

Vamos dar um exemplo prático. Imagine que você queira muito se tornar o gerente comercial de sua empresa. Reflita: por que você quer isso? Porque você deseja ser mais importante no seu ambiente de trabalho, ganhar mais dinheiro e poder ter um time maior trabalhando para você, ou porque você acha que pode melhorar ainda mais a estratégia de vendas de sua empresa e ajudar mais pessoas a trabalharem de forma efetiva e crescerem profissionalmente, por meio de sua liderança? É um pouco óbvio perceber em qual das duas opções o ego está gritando.

Eu, por exemplo, saí de um cargo super importante numa empresa excelente para ir atrás do meu sonho. Você não tem ideia de quantas vezes o ego veio ao meu ouvido falar que eu estava fazendo algo errado, largando um título e uma excelente oportunidade, para ir atrás de algo incerto. Olhe para o seu momento profissional: **o quanto tem de ego em suas escolhas?** Com certeza algum aspecto dele você vai encontrar. **Aceite, entenda e corrija**, se necessário. Você vai se sentir bem melhor.

Outro ponto importante do ego é como ele influencia sua forma de lidar com os colegas. Antes de mais nada, temos sempre que trabalhar com a compaixão, mas ao mesmo tempo nos defender de atos que nos agridam ou nos incomodem. Mas a realidade é que aquele colega com o ego mais inflado de todos é o que mais precisa de ajuda. Onde há ego não existe o amor, dizia o filósofo indiano Osho. Portanto, uma vez que você já tenha trabalhado seu próprio ego, tente também entender e ajudar aqueles em sua volta que estejam descontrolados pelo ego, como aquela pessoa que depois de ser promovida passou a mudar o comportamento, a tratar os outros de forma diferenciada.

Muitos costumam dizer que o poder mostra a verdadeira cara das pessoas. Mas, na realidade, aquela pessoa foi abocanhada pelo ego. Isso acontece muito com políticos que, com suas roupas sóbrias e falas de efeito, abandonam completamente sua essência porque acham que um título que lhes dá alguma importância. **Qualquer cargo ou título é ilusório**, e não representa nenhuma relacao com quem você é de fato.

O ego também costuma aparecer na comparação entre colegas. Temos que nos lembrar de que cada ser humano no mundo é diferente um do outro, então **qualquer comparação é imprecisa**. Cansei de ouvir reclamações do tipo: "Fulano tem um time maior que o meu, isso nao é justo". Essa pessoa não está preocupada com o seu trabalho e com o que ela própria está fazendo. Sua preocupação é que outro colega lidera uma área com um time de mais pessoas, o que ela considera um "privilégio". A preocupação não é se ela está fazendo um trabalho melhor, se está sendo mais produtiva. Ela simplesmente queria saber por que tinha menos funcionários do que outra pessoa.

Evite comparações. Faça sempre seu melhor e coopere com seus colegas. Essa é a melhor forma de controlar o ego.

...

O problema do ego afeta mais boomers do que as gerações Y e Z, que já nasceram mais livres. Mas é impressionante como a síndrome do pequeno poder pode tomar conta de um ser humano.

Um amigo médico cirurgião, que trata muitos altos executivos, ficava muito impressionado quando via presidentes de mega empresas, acostumados a assumir uma posição de poder, se tornarem seres medrosos, obedientes e humildes ante a sala cirúrgica.

Vivemos em um mundo em que, para ganhar uma posição de destaque, é preciso demonstrar dureza e resiliência. Isso afasta as pessoas da humanidade.

O bebê, ser mais puro que tem, sabe exprimir suas emoções por meio do choro. Mas o ego é realmente sorrateiro, e toma conta do nosso ser sem que a gente perceba. Quando vemos, já deixamos para trás aquela criança genuína que brincava na escola com os colegas por um adulto que deve estar sempre impecável, que não admite errar, que lida muito bem com o estresse e que jamais chorou. Um ser que esqueceu quem ele realmente é.

Muitas vezes, vi executivos chorarem e serem execrados pelos seus colegas como fracos. Forte é quem chora; quem tem a coragem de dividir a emoção com colegas de trabalho que fazem parte de seu dia a dia.

...

"Esta semana cheguei todos os dias às 7h da manhã e saí às 22h da noite!"

"E eu, que fiz seis voos em uma semana e estive em três continentes diferentes?!"

Uma das coisas que mais me aborrecem no meio corporativo é esse diálogo competitivo de "quem trabalha mais" - como se o desequilíbrio do nosso horário de trabalho fosse algo bom!

Que bacana saber que você visitou tantos escritórios iguais ao seu pelo mundo, e que ganhou milhas na empresa de aviação! Será que sua família, seu companheiro e seus amigos estão sentindo a sua falta, ou nem se lembram mais de você?

Em 2018, fiz 108 voos entre Rio e São Paulo, e mais 20 voos internacionais.

Foi o ano que minha mulher e minhas filhas mais reclamaram da minha ausência, e um dos motivos por que decidi tirar um sabático e repensar a vida. Muitas pessoas põem a culpa de suas vidas loucas nas empresas, mas a realidade é que muitas vezes é a pessoa que entra nesse loop, e se vicia nessa vida frenética repleta de adrenalina.

Por mais que eu tivesse a humanidade como filosofia, o modus operandi de todos os que estão à minha volta difere muito do que eu considero como certo. Nesse ambiente, é difícil não entrar em um círculo vicioso e se afastar de sua essência.

O futuro é animador: creio que a solução está vindo com uma nova geração, que quer mais qualidade de vida e mais tempo para si mesma. Mas não podemos desistir de salvar a nossa geração.

O desafio é enfrentar o ego inflado, o grande vilão. Nós vestimos a carapuça dos cargos, nos alimentamos de elogios, bônus e promoções, e as empresas viram uma selva em busca de um lugar ao sol.

Eu consegui me adaptar à vida na selva corporativa, mas confesso que nunca tive vocação para isso. Dominic Burke uma vez me disse que eu era muito bom managing down mas muito mal managing up. Realmente, nunca consegui me adequar aos padrões de uma grande empresa, porque a briga pelo poder muitas vezes é maior do que a criatividade para mudar o status quo.

Quantas vezes, em eventos corporativos, uma mesma pessoa me cumprimentou sem esboçar emoção e, depois de descobrir que eu era CEO da JLT Brasil, deu um sorriso diferente e foi mais gentil? Como isso deve ter mexido com meus neurônios associados ao prazer? Como não gostar de ser bem recepcionado e querido?

É simples assim que o ego toma conta, e isso é muito perigoso, porque essa encenação é frágil, e a frustração é inevitável.

Laboratório como síndico

Ser um líder pode fazer estragos no seu ego. Ou melhor: o **seu ego pode fazer estragos em você.**

O líder de um time tem que tomar muito cuidado com a força que suas palavras ganham em seu meio. Repare bem: um CEO ou diretor de uma empresa é pouco contrariado.

Não tem jeito: por melhor profissional que você seja, **seu cargo não vai ser lembrado por muito tempo**. Faça o teste. Pergunte na sua própria empresa quem foram os três últimos ocupantes do seu cargo. Você vai ver que menos de 20% das pessoas da sua empresa sabem responder a essa pergunta. Mas como se livrar da inevitabilidade do ego inflado de um presidente de empresa?

Em 2016, depois de um ano morando no prédio onde estou até hoje, tive a triste notícia de que o síndico, que era excelente, iria se mudar. Eu já tinha participado de algumas reuniões de condomínio, e o clima era meio pesado: moradores com mais de 25 anos de casa e um fluxo de caixa bem negativo, com excesso de cotas extras, frutos de administrações passadas.

Adivinhe: aconteceu o famoso "sobrou para mim". Ninguém queria ser síndico, e eu, cá entre nós, tinha muita vontade de dar uma "guaribada" no prédio; afinal, quem não quer ver as próprias filhas crescendo em um ambiente mais bonito e acolhedor?

Assumi o "pepino" de ser síndico sem remuneração, função que já exerço há três anos. Hoje, o prédio emana uma paz não vista há muito tempo. Nunca mais fiz cota extra, e temos um fluxo de caixa positivo, que nos permite fazer melhorias e manutenções.

Confesso que, de início, não dei muita bola para essa coisa de ser síndico - ainda mais eu, que nunca tinha feito isso antes. Mas percebi que aquele era um trabalho que exigia um enorme **"skill" de liderança**.

Desde então, passei a usar o cargo como uma espécie de laboratório. No prédio, ninguém era meu funcionário e ninguém dependia de mim para nada. Pelo contrário: todos exigiam muito de mim. Experimentei muitas formas de lidar com esse tipo de pressão, e levei as estratégias que funcionavam no prédio para dentro da empresa. Um grande aprendizado por aprender a ceder para administrar reuniões conflituosas. Se eu conseguia ceder nesse cargo, como eu poderia fazer isso também no meu trabalho? Situações contrárias também me serviram de lição: muitas vezes tive que tomar uma atitude mais enérgica que tomaria normalmente.

Como numa empresa, no prédio também tenho meus aliados e conselheiros - e tenho até um chairman, Jacques Sherique, que tem mais experiência e me ajuda a tomar decisões em casos complicados. Foi assim que eu aprendi que **liderar é servir e amar**.

Se você está há muito tempo em uma posição de liderança, experimente mudar de lado um pouco. Há várias formas de se fazer isso: aprenda um instrumento musical, participe do conselho do seu bairro, ou vire síndico do seu prédio. Eu me divirto bastante com esse ofício, meu super laboratório para a liderança!

...

Tenho alguns conselhos para que você não deixe o ego te dominar:

1. **Não se refira ao time e à equipe como SEU time e SUA equipe**. Nada disso é seu, e se você expressar esse sentimento de posse pela linguagem, é sinal de que o ego está tomando conta de você.

2. **Se desapegue do seu cargo.** Você não é o seu cargo, então esqueça que ele existe. Vá jogar um jogo com seus funcionários na hora do almoço, e veja se você consegue se livrar dessa máscara que você inconscientemente coloca todos os dias de manhã.

3. **Entenda como funciona o seu ego** e tente domá-lo.

4. **Não lute contra seu ego** e lembre-se de que ele existe em todos nós.

5. Entenda que seus colegas com o ego inflado s**ão mais inseguros do que parecem.**

6. Lembre-se de que **ego e amor são conceitos inversos.**

7. **Evite a competição** pelo ego.

13
Posfácio: Liderança pós-pandemia

Nicolau Daudt

Já estava quase terminando de escrever este livro quando começou a crise do novo coronavírus em todo mundo, o maior desafio para a humanidade desde a Segunda Guerra Mundial, segundo a ONU.

E aqui a questão é: **como o Líder Humano encara uma situação de crise global?**

Primeiro, vamos analisar nossos líderes mundiais. Infelizmente não vejo entre os líderes mundiais atuais um Winston Churchill, que liderou a Inglaterra e o mundo contra Adolf Hitler. Claramente, passamos por um momento pobre da política mundial, onde o ódio impera, o diálogo entre os lados não é bom e o populismo comanda. É triste, em um momento como este, ver políticos ainda preocupados com sua própria imagem, e se esquivando do front do problema, ligados em suas redes sociais, sem checar fatos, e anunciando milagres antes da comprovação científica.

Os líderes de hoje são pouco letrados e nada eruditos, o que empobrece o debate político e em um momento de crise não traz riqueza de conhecimento ao debate. Temos tempo ainda de ver algum líder altruísta surgir, tenho esperança. **O líder do futuro vai ser a antítese do político atual**, vai ser um líder preocupado com a comunidade e com as pessoas.

Segundo ponto: **a saúde precisa ser ressignificada**. O que é saúde para você? Desde a Segunda Guerra Mundial, a saúde foi pautada pela evolução nos medicamentos, e muitas vidas foram salvas com os avanços da medicina.

É incrível ver que desde a invenção da penicilina em 1928, a indústria se tornou essencial para a vida moderna. Com isso, muitas das empresas farmacêuticas se tornaram os maiores conglomerados. Os números das aquisições dessa indústria são os maiores do mundo. Somente a Pfizer em três "deals" (Warner-Lambert, Pharmacia e Wyeth) gastou aproximadamente 220 bilhões de dólares, e outras aquisições enormes também aconteceram e seguem acontecendo, como a compra da inglesa Shire pelo grupo japonês Takeda por 62 bilhões de dólares. Somente esses quatro deals, dentre milhares que ocorreram na indústria farmacêutica nos últimos 20 anos, somam 282 bilhões de dólares, valor maior que o PIB do Chile, um dos países mais desenvolvidos da América Latina.

Mas, infelizmente, parte da indústria vem perdendo seu propósito. A conhecida frase de que "a diferença entre remédio e veneno é a dose" se retrata na realidade. A indústria farmacêutica do remédio virou droga (como na palavra em inglês), e a dependência da população mundial por remédios está se tornando cada vez mais grave no mundo.

Os opioides nos Estados Unidos matam por ano mais de 60 mil pessoas, numa das maiores crises epidêmicas já enfrentadas no mundo (apesar de mais silenciosa do que uma epidemia de gripe). A indústria que cura e que faz maravilhas ao homem também mata.

A população vive hoje uma grande epidemia de dependência de drogas lícitas, que mata muito mais do que qualquer outra epidemia. A falta de registro somente aumenta a irresponsabilidade de alguns setores do ramo farmacêutico, que produzem drogas cada vez mais pesadas e mais danosas ao ser humano.

Hoje, temos remédio para dormir, remédio para acordar, remédio para ir ao banheiro, remédio para não ir ao banheiro, remédio porque se bebeu muito, remédio porque se comeu demais, remédio para não ficar triste, remédio para curar a ansiedade. Absolutamente todos com efeitos colaterais danosos. Mas também temos remédios que curam o câncer, que melhoram o Parkinson, que reduzem a epilepsia. O lado bom e o lado ruim da indústria farmacêutica.

Acompanho de perto a trajetória do médico americano Michael Greger, autor do best seller Comer para nao morrer, onde conta histórias sensacionais de pessoas que venceram doenças graves por meio de mudanças nos hábitos de vida e alimentares.

Então eu pergunto: a indústria farmacêutica é saúde? Ou é parte do problema da doença? O ansiolítico Rivotril ser o remédio mais vendido no Brasil mostra saúde ou mostra doença?

Enquanto isso, vemos nessa epidemia em particular médicos verdadeiramente heróis, arriscando suas próprias vidas para salvar outras. Mas, enquanto alguns médicos e biólogos trabalham muito, salvam vidas e ganham menos do que um jogador de futebol médio, parte da classe médica precisa olhar para dentro de si, parar de olhar para a doença e olhar para o paciente, olhar nos olhos de seus pacientes e entender as circunstâncias da doença naquela pessoa.

É difícil abrir os olhos e ver que, somente no ano de 2017, médicos do estado norte-americano de Connecticut receberam da indústria farmacêutica mais de 27 milhões de dólares, segundo dados do Centers for Medicare & Medicaid Services. Como não receitar aquele remédio comissionado aos seus pacientes e perder parte desse bolo?

Como os bons médicos devem combater esse comportamento dos maus médicos?

Então, podemos concluir que **a saúde em boa parte do mundo está claramente deturpada,** a doença está em alta e a doença gera lucro. Repare que a saúde não dá despesa, não te leva ao médico, à farmácia e ao hospital. E, além disso, os alimentos saudáveis são os mais baratos do supermercado, e muito mais baratos do que um remédio. Por que então deixar de investir em doença e passar a investir em saúde?

Infelizmente as pessoas se distanciam da saúde e ficam maravilhadas com anúncios de remédios nas TVs americanas, protagonizados por famílias felizes, que vivem uma vida plena porque tomam aquele remédio (mas se você ouvir o locutor falando dos efeitos colaterais, você muda até de canal).

Para mim, a representação disso tudo se dá no caso Daraprim de 2015. A empresa Turing Pharmaceuticals, chefiada por um jovem de 32 anos chamado Martin Shkreli, comprou os direitos desse remédio, que já existia no mercado havia 62 anos, para auxiliar no tratamento de toxoplasmose e de pessoas com baixa imunidade. O Daraprim era vendido ao preço de 13 dólares a pílula no mercado americano. No dia seguinte à compra, Shkreli aumentou o preço do remédio para 750 dólares a pílula. É até interessante ver os videos no Youtube do Sr. Shkreli na maior cara lavada dizendo que quer mais lucro, e que não está nem aí para pessoas que não vão mais poder comprar o remédio que tomavam.

A epidemia do novo coronavírus pode vir para resgatar a busca da humanidade por um estilo de vida mais saudável. Vimos que um dos países menos afetados, apesar de também ter sofrido "lockdown", é a Índia, berço da medicina ayurvédica, baseada na cura pelo alimento, e com vários ingredientes super saudáveis como curcuma e gengibre, que são anti inflamatórios naturais. Lembrando que a Índia é um país relativamente perto da China, e com uma das maiores populações do mundo.

Também não podemos pensar apenas na saúde como uma questão física, como muitos tendem a fixar. Devemos nos lembrar da saúde mental, que é uma das maiores portas de entrada para doenças físicas. De acordo com o Center for Disease Control (CDC) americano, o ambiente de trabalho é a causa número 1 de estresse na vida das pessoas. O Instituto Americano de Estresse calcula que aproximadamente 120 mil pessoas morrem todos os anos de causas ligadas ao estresse, uma outra epidemia em si.

Como O Líder Humano busca pela saúde?

Listei 5 comportamentos que penso que serão primordiais na cabeça de grandes líderes daqui em diante:

1.   **Olhe para a saúde mental do funcionários em primeiro lugar.** Muito cuidado com líderes tiranos, que destróem a parte mental dos seus funcionários por estarem eles mesmos com questões mentais.

2.   Dê ferramentas para que sua equipe se preocupe com temas como **alimentação** e **exercícios físicos.**

3.   **Transforme o home office numa realidade de pelo menos duas a três vezes na semana**. Isso irá contribuir para uma melhora do sistema de transportes urbano, permitirá uma maior convivência das pessoas com a família e possibilitará uma melhor nutrição, porque a comida caseira tende a ser mais fresca do que a comida de rua ou a comida de refeitórios. Lembre-se de que a carga horária de trabalho geral no home office é melhor aproveitada, porque a

locomoção é reduzida.

4. **Invista na tecnologia de videoconferências para reduzir as viagens dos executivos**. Isso será ruim para as empresas aéreas e para os hotéis voltados ao público de negócios, mas com a tecnologia ficando cada vez mais real, as reuniões não precisam ser mais presenciais. Lembre-se de que um excesso no número de viagens pode trazer complicações de saúde física e psicológica ao seu funcionário.

5. **Incorpore um espírito de cuidado com o outro.** O Líder Humano não pode mais falar que o que seu funcionário faz fora da empresa não é problema dele. Temos que olhar para o outro com um olhar mais cuidadoso.

"*Sou jornalista e atuo no mercado editorial desde 2011, especialista em auxiliar autores a colocar suas ideias no papel. No final de 2019, recebi o contato do Nicolau Daudt, que precisava de ajuda na produção de seu primeiro livro. Eu não conhecia o Nicolau, mas já tinha ouvido sobre sua capacidade de liderar com humanidade - ele e meu pai foram colegas de trabalho em um período breve e intenso, na ocasião da compra da JLT pela Marsh.*

Conversamos ao telefone, tivemos empatia imediata um pelo outro e começamos um plano de trabalho. Desde o início, Nicolau se mostrou uma pessoa fácil de trabalhar, que não se deixa levar pelo ego, aceita sugestões e confia na expertise do outro. A empolgação com o projeto e a determinação em concluí-lo também foi essencial para que cumpríssemos nosso cronograma e, em seis meses de trabalho, concluíssemos este livro tão especial.

Não foi difícil perceber a admiração e o carinho que Nicolau recebe de todos à sua volta. Nossa busca por depoimentos dos personagens que fizeram parte da trajetória de Nicolau só provou o Líder Humano que ele é. É impressionante como as palavras respeito, gratidão, humanidade, admiração, sucesso, inspiração, humildade se repetem quando pedimos que as pessoas falem de Nicolau.

Humildade, aliás, é a característica dele que mais me marcou. Em oito anos atuando na colaboração de livros, nunca um autor me havia dado a oportunidade de aparecer, junto a ele, na capa. Geralmente o nome dos colaboradores fica bem escondido na página de créditos, e isso é um consenso no mercado editorial, usado para dar toda a visibilidade ao autor. Mas o Nicolau não gosta de consensos, principalmente quando envolve reconhecimento, parceria e, é claro, **humanidade.***"*

(Júlia Antunes, jornalista e colaboradora do livro Líder Humano)

14

Bônus: Receita diária para uma vida mais humana

Líder Humano

1. Seja grato por pelo menos três coisas.

2. Sorria para você mesmo e faça alguém sorrir.

3. Surpreenda alguém com uma mensagem ou um abraço inesperado.

4. Comece o dia com energia e entusiasmo: tome uma ducha fria!

5. Explique para você mesmo, de forma construtiva, algo que você aprendeu.

6. Ajude alguém.

7. Economize, recicle e reuse.

8. Fique feliz com a conquista do outro, e diga isso em voz alta.

9. Seja gentil com alguém que não te conhece.

10. Celebre pelo menos três momentos do dia.

Lembre-se: os mais felizes não têm mais eventos positivos em suas vidas - simplesmente **encaram a vida de uma forma diferente!**

Gratidão é um termo em desuso hoje em dia, mas eu não poderia deixar de agradecer às pessoas que me ajudaram a construir este livro.

Antes de mais nada, a minha família, que me ajudou muito na elaboração de ideias e que me mostra no dia a dia o valor da humanidade e do amor. A Roberta e minha mãe, que revisaram diversas vezes o livro e me ajudaram com ótimas dicas e correções.

Aos meus amigos que escreveram os depoimentos e enriqueceram demais o livro.

A Michele Mardorf, minha colega da Miami Ad School, que fez uma linda arte da capa.

A Julia Antunes, que escreveu o livro junto comigo e que teve muita paciência e carinho em 6 meses de trabalho.

A todos aqueles que passaram pela JLT e que me enriqueceram e foram fonte de inspiração. Aos colegas que seguem na Marsh construindo uma empresa humana. E à própria Marsh & McLennan, que me deu todas as oportunidades para que estivesse aqui escrevendo este livro.